每个人的亚里士多德

ARISTOTLE FOR EVERYBODY

[美] 莫提默·艾德勒（Mortimer J.Adler）著
刘洋 译

中信出版集团 | 北京

图书在版编目（CIP）数据

每个人的亚里士多德 /（美）莫提默·艾德勒著；刘洋译. -- 北京：中信出版社，2019.5

书名原文：ARISTOTLE FOR EVERYBODY

ISBN 978-7-5217-0253-8

Ⅰ.①每… Ⅱ.①莫… ②刘… Ⅲ.①哲学－通俗读物 Ⅳ.①B-49

中国版本图书馆CIP数据核字（2019）第049894号

每个人的亚里士多德

著　　者：［美］莫提默·艾德勒

译　　者：刘洋

出版发行：中信出版集团股份有限公司

（北京市朝阳区惠新东街甲4号富盛大厦2座　邮编　100029）

承 印 者：北京诚信伟业印刷有限公司

开　　本：880mm×1230mm　1/32　　印　　张：7.75　　字　　数：136千字

版　　次：2019年5月第1版　　印　　次：2019年5月第1次印刷

京权图字：01-2018-0371　　广告经营许可证：京朝工商广字第8087号

书　　号：ISBN 978-7-5217-0253-8

定　　价：42.00元

目　录

第三部分

人是行动者

第四部分

人是认知者

序　言

第一次想到写这本书的时候，想把书名定为《孩子们的亚里士多德》。但是转念一想，这个题目不足以把亚里士多德的普遍哲学思想用清晰准确而又简单易懂的语言传递给读者。这样想来，与其说是孩子们的亚里士多德，不如说是每个人的亚里士多德，这样的话，读者就可以不分年龄了，不管你是十二岁或者十四岁，甚至更大的都行。所以最终选择了现在这个书名，希望让晦涩的哲学思想变得容易，因为同时想说明这本书是关于哲学常识的入门书。

我这里所说的每个人不包括职业的哲学家。换句话说，这里的每个人是指没有涉猎哲学这一复杂而专业的学术思想的人，而且是经历和智力都平平凡凡的普通人。但是，在书的后记部分，我加了本书的第二份目录，这部分对于偶然读我这本书的哲学专业的学生会非常有用，那是因为本书中所提及的亚里士多德的一些思想完全可以成为他们以后读亚里士多德著作的导读资料。

我有两个儿子，一个叫道格拉斯，十三岁，另一个叫菲利普，十一岁。去年夏天在阿斯彭市，我当时正在写这本书，而且是用打字机边想边打的。他们就在一旁读我打出的部分手稿。当时他们读得津津有味，还给我提了不少建议，对此我感到由衷地欣慰。

在此，我还得向罗丝玛丽·巴恩斯（Rosemary Barnes）表示感谢。她当时通读了此书的初稿，还给出批评性的意见。我还要感谢我在哲学研究所的同事们：约翰·范·多伦（John Van Doren）、奥托·伯德（Otto Bird）和查尔斯·范·多伦（Charles Van Doren），他们的确给予我很多很好的建议。最后，我要感谢我的妻子凯瑟琳，她通读了我的初稿，并提出了建设性的改进意见。

另外，我要一如既往地感谢此书的编辑玛尔丽思·艾伦（Marlys Allen），在本书出版前期的各个阶段，她都为此不辞辛劳，最终使得此书顺利出版。

莫提默·艾德勒
1977 年 12 月 28 日于美国芝加哥

引 言

为什么是亚里士多德？

为什么是每个人的？

为什么一本阐述每个人的亚里士多德的书会是哲学基本常识的入门书？

为了更好地回答这三个问题，我得先回答另外一个问题。那就是为什么是哲学？为什么每个人都要学会用哲学思维去思考问题，即怎么才能问出那种孩子们问的问题，怎么才能问出哲学家们问的问题，而不管问题是孩子们问的，还是哲学家们问的，却又都需要哲学家们来回答的这些问题？

很久以来我一直认为哲学是每个人的事儿。哲学其实不是为了获得有关这个世界的信息，也不是为了获得这个社会以及我们自己的更多的信息。要是那样的话，我们最好应该转向自然科学、社会科学和历史学，而不是哲学。哲学的用处显现在其他方面——哲学会帮助我们理解我们已经知晓的事情，而且绝对比我们现在理解得更透彻。这就是为什么我认为每个人都应该哲学地思考问题的原因。

要想做到这一点，没有比亚里士多德更好的老师了，他绝对就是这方面最好的老师。我毫不犹豫地推荐亚里士多德，因为我认为只有他有资格来开篇。当然，我还可以有另外一个选择，那就是柏拉图。但是，以我个人的判断，他应该是第二位的人选。柏拉图提出了几乎是我们每个人都该面对的所有问题，并给出了更清晰的答案。他教会亚里士多德如何哲学地思考问题，而亚里士多德学得如此出色，以至于现在对我们来说，他是比柏拉图更合适的老师。

我们关注的是如何学习像亚里士多德一样思考问题。与其了解亚里士多德是什么人，他生活在什么时代，他生活得怎么样，我们更应该了解的是亚里士多德的思想。他生活的那个时代以及那个时代的变化离我们太遥远了，这会使我们对他的生活以及他所生活的那个社会感到陌生。但是，我会尽我所能不让大家对他的思想模式和内容有任何陌生感。

公元前 384 年，亚里士多德出生在爱琴海北岸斯塔吉拉城的马其顿镇。他父亲是当时马其顿国王的宫廷侍医。国王的孙子就是后来的亚历山大大帝。之后，亚里士多德成为亚历山大大帝的老师，并且亦师亦友。

十八岁时，亚里士多德迁居到雅典，后进入柏拉图学院学习哲学。入学后不久，柏拉图就发现亚里士多德是个多事儿的学生，因为亚里士多德不仅质疑他的教学内容，还公开反对他。后来，亚历山大大帝成为希腊的统治者，而柏拉图已死亚里士多德也因此开办了自己的学校吕克昂学院。那一年是公元前335年。

吕克昂学院拥有一座一流的图书馆，藏有大量地图。它还有一个动物园，里面收藏了各种动物标本，据说有些标本是亚历山大大帝从他征服的国家带回来赠给亚里士多德的。公元前323年，亚历山大大帝去世，亚里士多德也离开了希腊，把自己流放到爱琴海的一个海岛上，第二年，他就与世长辞了，终年六十三岁。

在亚里士多德生活的那个社会，因为有奴隶管理家园、做苦工，所以市民们就有闲暇来享受安逸的生活。而且，女性的社会地位极为低下。所以，柏拉图描绘了一个理想国。他认为所有的政治机关，除了军队首脑以外，都应该允许女性进入，他认为男人和女人有着同样的权利。但是，关于女性地位低下这件事，亚里士多德更倾向于当时更为传统的观点。

关于亚里士多德对于奴隶和女性的观点我会在之后的篇章中再详加解释。这里，我想先说明一下我在本文中使用man、men和mankind并不是特指男性，而是泛指人类，并没有性别之分。我之所以这样用，绝非暗指我认同亚里士多德关于女性地位低下这一观点。恰恰相反，关于这一点，我是柏拉图一派的。

也许有人认为，我们今天还在研究亚里士多德这么古老的人是不是太落伍了。也许他们还认为选择一位至今还在世的学者来研究会更好，至少这位学者会熟悉我们如今生活的这个世界，会了解现代科学如何改变了这个世界。对于这些人的想法，我不能苟同。

其实我的理由非常简单。尽管亚里士多德生活在两千五百多年前的古希腊，但是他非常熟悉我们当今这个世界的主要框架。所以，谈起这个世界，他就如同活在当下一样。如果我们想学会哲学式地思考问题，亚里士多德就是最好的老师。虽然他并不了解现代科学，但是即使他了解了现代科学家所熟知的一切，他也不会是一个更好的老师，因为他已经是最好的了。

为了更好地了解自然、了解社会、了解人类，亚里士多德先开始研究他自己的经历，研究他自己最熟悉的事。其实，我们每个人都应该如此。说到这儿，亚里士多德的思想里有很多概念，其实这些概念我们都有，而且这些概念并不是我们在学校学的，而是我们人类关于一切的一个普遍认知。

有时候我们把这些概念当成常识，也就是我们在日常生活中普遍经历的点点滴滴。这些经历不是我们可以寻求的，我们之所以有这些经历就是因为我们活着，我们有意识而已。而且，这些普遍的概念是我们在日常会话中用普通的话语就可以表达的概念。

请原谅我反复使用“普通、普遍”（common）这个词，因为我觉得我必须要反复使用它。我之所以强调这个词是因为它能表达出我所有论证的核心。一切皆不普遍。我们会说有些东西是我们自己的，同时我们也得承认有些东西不是我们自己的，而是我们要和其他人共享的，比如说朋友读过的一本书、看过的一部电影，或者和家人同住的一所房子。

其实大家共享的东西有很多，而且很多东西都是由不同群体的人所共享的。但是，仅仅因为我们都是人，就很少有什么是我们所有人都共享的，而且又对我们所有人来讲都是普遍适用的。我在这里所指的"普遍"就是普遍经历、普遍概念或者常识。

常识性的概念都会用"东西""身体""思想""变化""原因""部分""整体""一个""许多"等词语来表达。我们很多人从小就一直在用这样的词语或者概念，比如在谈论我们的经历时，会用到诸如运动的东西、静止的东西、植物的生长、动物的生死、坐下和站起、各种疼痛、睡觉、做梦、醒来、吃东西、锻炼以及做出决定等。

我们经常用到的词语和概念可比这些多得多，同理，人们的普遍经历的清单也还可以列得更长。但是，即使不把它们一一列出，也足以说明我刚刚谈到的词语、经历和那些概念就是普遍存在的，它们不单单是你的、我的，或者是任何人的，它们是普遍存在的。

相对而言，科学家在实验室所进行的观察活动，或者探险家在探险途中所发现的，都是非比寻常的经历，都不是普遍经历。我们可以通过他们撰写的报告来了解这些东西，但是，一般来说，我们也只是读读他们写的东西，而我们自己是没有这样的亲身经历的。

从亚里士多德那个年代起，人类就通过现代科学发现学会了很多。应用科学已经创造了一个新世界，一种新的生活方式，亚里士多德生活的那个世界和他们的生活方式已经成为历史。那时候，没有汽车，没有电话，没有显微镜，也没有望远镜，不能近距离看到月球的表面，也听不到登月的人如何描述月球的表面，但是亚里士多德在那个时代所经历的和我们在这个时代所经历的有些事情是一样的。他的思想使得他对事物的理解比大多数人都要深刻。

尽管我们的生活方式、我们的世界和我们的社会都不同于亚里士多德的那个时代，但是仅凭上面提的那一点，就足以让他来帮助我们更好地理解这些普遍经历，帮助我们理解我们自己、理解我们的生活方式、理解我们的社会和我们的世界。

亚里士多德的思想始于常识，但绝不止于常识，而是更加深远。他的思想见地和理解超乎寻常，不仅丰富了常识，而且超越了常识。他对事物理解之深远远超过我们，有时甚至高深莫测。总之，那是一种非比寻常的常识。

这就是亚里士多德的伟大贡献。我在此书中所要努力做到的就是让他非同寻常的常识变得易于理解。如果大家都能理解他的思想，那这些常识就不那么不同寻常了。

第一部分

人是哲学动物

第一章

哲学游戏

我们许多人都玩过两种游戏，一种叫“动物、植物、矿物”，另一种叫“二十个问题”。我们玩的时候可能都没有意识到，其实我们通过做游戏已把自己变得更加哲学了。

这两种游戏都涉及提问。但这不是它们让我们变得哲学的核心，核心在于这些问题背后的问题，也就是我们是怎么分组，如何分类的。把事物分组归类是大家耳熟能详的事，每个人都会做。比如店员整理库存时会按照货架分类，图书管理员会按书目分类，秘书会把信函、文件分类等。但是，如果要分类的不是这些普通的具体事物，而是我们的物质世界，或者是涵盖我们物质世界的更广大的宇宙空间，此时，哲学这一术语就会闪亮登场。

“动物、植物、矿物”和“二十个问题”这两种游戏有时候玩法差不多。也就是说，当“二十个问题”中的第一个问题是“这是动物、植物还是矿物”的时候，这两种游戏就变成一种了。提出这个问题的目的是要确定你所考虑的这件物品是属于这三大类中的哪一类。但是，如果要分类的不是物品，而是圆这个几何图形，或者是–1的平方根这个数字，抑或是希腊诸神，如宙斯、阿波罗或者雅典娜，再问上面提到的这些究竟是动物、植物还是矿物，那么至少没有一个准确的答案，或者说根本就不可能有准确答案。

对于“二十个问题”这个游戏，如果第一个问题不是“这是动物、植物还是矿物”的话，那就是任何人能想到的任何东西，而且绝不仅仅限于具体事物了。所以，这两个游戏的共同之处就是让我们无意识地更接近哲学思想。而要想做到这一点，我们就需要亚里士多德的指点。

亚里士多德擅长之处很多，如何分类就是其中之一。除此之外，他还擅长提问。哲学思想的产生就是源于对问题的质疑。这些问题是我们可以根据常识和经验来回答的，同时这些答案又会让我们反思。反思的作用是使我们的头脑更灵活，使我们的思路更开阔。

动物、植物和矿物是我们对这个物质世界一种粗略的三重分类。当我们提到“矿物”这个词时，我们大致是想表达所有能区别于生命有机体和非生命物体的物质，生命有机体如玫瑰、老鼠这些，非生命物体如木棍或者石头这些，它们都是不同的。不是所有的非生命物体都是像我们从地下挖出的金和银这样的矿物。其中有些非生命体是在地表或者地壳里被发现的，形似石头，而有的则以液态或者气态的物质形式存在。

如何把我们称为“矿物”的非生命体进行分类呢？亚里士多德给我们的建议是要先区别什么是基本物质，什么是复合物质。亚里士多德所指的基本物质是指由金、铜或者锌这样单一物质所构成的物质。与此相对的复合物质则是由两种以上不同的物质构成，如黄铜是由铜和锌混合而成的。然而，对亚里士多德而言，最重要的不是区分这些物质，而是区分生物和非生物。

生命有机体和无生命体区别在哪儿？它们是基本物质还是复合物质？先说一下生命有机体吧！就我们对熟知的生命有机体的了解，它们拥有的共性特点就是：吸收营养、生长、繁衍。

那么，又如何区分生命有机体这个范畴内的动物和植物呢？同样，以我们的经验来看，动物有着植物所不具备的特征。它们不像植物一样生长在土地里，它们可以凭借自己的能力到处活动，它们也不像植物一样必须从空气和土壤中吸收养分。除此之外，几乎所有的动物都有感觉器官。

接下来我们再说说无生命体。有时候无生命体和生命有机体只是一线之隔，有些特殊物质，我们很难判定它们到底应该划分在无生命体这边，还是生命有机体那边。有时区别动物和植物也有这样的困惑。比如，有些植物虽然没有眼睛和耳朵这样的感觉器官，可是它们好像也能感知外界刺激。而有些动物，比如贝类，它们就像植物一样只生长在一个地方，并不能自由地活动。

亚里士多德把客观事物分成非生命体、植物和动物，这种分类方法并没有排除边缘物质，即有些事物在某种情况下好像属于这一类，而在另一种情况下好像又属于那一类。他认为，在物质世界里，从无生命到有生命的过渡或者从植物到动物的过渡都是一种渐进的状态，而不是有严格界限、非此即彼的东西。

同时，亚里士多德也坚持认为生命体和非生命体以及植物和动物之间的区别使得它们彼此变得非常不同，原因如下：

首先，如果我们不能正确区分一块石头和一只老鼠，我们就永远不会为如何区分一个难以分类的东西是生命体还是非生命体而感到困惑不解。同样，如果我们不能正确区分玫瑰和马，我们也永远不会想知道到底我们手中的有机体样品是动物还是植物。

动物是一种特殊的生命有机体，它们具有植物所不具备的特殊功能。同样，人类也是一种特殊的动物，他们具有其他动物所不具备的特点。比如，人类可以提出问题，然后通过观察或者思考寻求问题的答案。这就是亚里士多德把人类称为理性动物的原因。所谓理性动物就是能提问、会思考、有哲学思想的动物。

也许会有些动物位于人类和非人类的分界线上。比如，近些年人们发现海豚和黑猩猩的智力足以使它们与人类进行最基本的交流。但是，这些动物自己不会对事物的本质产生疑问，也不会向同伴提问，而且它们似乎也没有努力尝试去寻找答案。我们可以说这样的动物有点儿像人类，但是它们绝对不是人类。

亚里士多德认为每一类事物都有它有别于其他类事物的本质特征。正是这种区分使得这一种类内部的个体都具有这种本质特征。说到人类，我们可以说所有人类都具有其他动物以及所有植物和非生命体所不具备的特点。

亚里士多德把物质事物按照从低级到高级的方式分成五大类，就像一个五层的金字塔。他把基本物质和复合物质放在金字塔底层，越往上的分类越高，因为它们不但拥有下层事物的特征，还具有下层事物所不具备的特征。

对于自然事物的分类，生命体的层次要高于非生命体，动物高于植物，在地球上所有的生命体中，人类的层次最高，位于金字塔顶部。

像非生命体一样，所有的生命体都会占空间、有重量。除此之外，我们还知道生命体必须要吃东西才能成长并繁衍。同样属于生命有机体的动物，就像植物一样，有它们自己的主要功能，但是它们同时还具有植物所不具备的功能。位于顶层的人类，具有所有其他动物都具有的主要功能，同时还具有通过提出问题、回答问题，进行哲学思考来获取知识的能力。

当然，我们不能否认所有高层次的动物都思考，甚至计算机也会思考，我们同样也不能说只有人类有智力。在动物界里也有不同程度的智力存在，就像人类的智力水平也有高低之分一样，这是一个道理。但是，这种特殊的能力，即能提出问题、回答问题的哲学思考能力，把人类和其他动物明显区别开来。其他动物都不会玩哲学游戏。

亚里士多德把物质世界分为五大类，他用“体”来表示那个包含一切的大类。在“体”里面不会再分类，也就是说不会有“体”成为次类。物质世界的所有“物”不是属于这种“体”，就是属于那种“体”。

现在我们有些疑问：在分类的另一端，看看“体”下层的次类，我们的脚步只能就此停止，因为我们不能再将其分为次次类了，是这样吗？人类这一物种是动物的次类吗？

面对这个问题，我们大多数人都会马上想到人类的不同种族或者其他区分人类的不同方式，如肤色、面部表情、头型等。为什么这些特征并没有把人类分成不同的种类或者次类呢？

亚里士多德对此给出了一个至关重要的区分标准。他说，不是一个“物”的所有特点都是它的本质特征。正如我们所看到的，亚里士多德把人类看成是理性动物，或者说是哲学动物。人之所以成为人类，不是因为肤色，不是因为扁扁的鼻子，不是因为直直的头发，也不是因为哪种头型，而是因为人会提出问题，同时还会寻根溯源。

当然，我们还可以根据人的高矮、胖瘦、黑白和强弱等不同标准，把他们分成诸多次类，但是尽管这样，这也只是人类的各个群体间的区分。正如亚里士多德说的，这些区别是不能把他们划分到人类的范畴之外的。更重要的一点是，我们也不能说一个群体的成员比另一个群体的成员更是人类。

换句话说，比起人类和其他动物之间的本质区别，人类各个不同群体间的区别都是浅显的和无足轻重的。亚里士多德把这种浅显、微小的差异称之为偶然的，而那些本质上的、巨大的差异才是最重要的。

人类和野兽有着本质的区别。不管人是高还是矮，是胖还是瘦，这种不同都是偶然的。正因为这些偶发的不同才使得一个人不同于另一个人。但是，我们总归都是一种动物，只是每个人身上所显示的人类的特点或多或少不同而已。这种个体差异，比起把所有人都凝聚在一起的人类的共同特点，就是一根鸿毛。这个人类的共同特点就是人都是平等的。

第二章

伟大的分类

亚里士多德把物质事物分成非生命体和生命有机体，又把生命有机体分为植物、动物和人。这种划分并没有彻底探讨他所有的分类方法。

想想滑铁卢战役中助力惠灵顿公爵击败拿破仑的那匹英雄的马“哥本哈根”；想想渡过卢比孔河拿下罗马城的尤利乌斯·恺撒；想想莎士比亚笔下的哈姆雷特；想想尼斯湖水怪；想想加百列天使；再想想盛开的玫瑰的芬芳；想想熟透的番茄的颜色；想想牛顿的万有引力定理；再想想上帝。

所有的这些没有一个是我们现在所说的动物、植物或者矿物。惠灵顿公爵的那匹马和尤利乌斯·恺撒是历史，他们现在已经不存在了。莎士比亚笔下的哈姆雷特是书中虚构的人物，不是真实的人物。尼斯湖水怪是否存在至今还令人质疑。至于盛开玫瑰的芬芳、加百列天使、牛顿的万有引力定理和上帝，哪个都不属于物质世界中现存或者曾经存在的“体”。

我们的物质世界，也就是“体”的世界，不管是现在的还是过去的，都比我们所能想到的宇宙小得多。宇宙包含“体”的世界，同时也包含很多别的。区别“体”和其他一切的就是这个伟大的划分。

如果我们把整个物质世界放在这个划分线的一侧，那么另一侧还剩下什么呢？那个我们所能想到的包含一切的宇宙还包括什么呢？在此，我不会详细列举出那些不是“体”的各种物体，但是至少，下面这些有可能归类于此：

——图形或者数学符号，如三角形和平方根

——想象或者虚构的人物，如莎士比亚的哈姆雷特或者马克·吐温的哈克贝利·费恩

——各种鬼怪和天使

——各种神或者上帝

——神话中的角色，如半人马和美人鱼

——当有人问我们问题时我们的想法

——我们想到的办法或理论

我清楚地知道这种列举会引起很多质疑。这种物体在多大程度上存在？如果它们存在，那它们和其他存在的物体有什么区

别？它们这种可能的存在有什么意义？有没有我们想到了但又是不可能的物体吗？如果思想不是身体，那它们和身体之间又是什么关系？

在此书的后面章节中我会回答一部分问题，当然前提是必须要有亚里士多德的帮助。有些比较难回答的哲学问题我放到最后回答。尽管好像只有"体"的世界才是真正存在的，但是现在我还是会问这些问题，目的就是让大家意识到我们存在于一个更大的宇宙空间中，而我们的物质世界只是这个宇宙的一小部分。

在这个世界生存，我们还要考虑亚里士多德做出的另一种划分。我们需要它来帮我们解决盛开的玫瑰的芬芳和成熟的番茄的颜色的问题。玫瑰和番茄是物体，是植物，但是它们的味道和颜色却不是。考虑到这个物质世界，亚里士多德把它分成两大类。一方面是"本体"，另一方面是它们的特点或者属性，比如它们的气味或者颜色。

我们每天说话都会用到这种分类。我们谈到一块石头的大小或者重量时，都不会把这当成一种"体"，我不会让你把石头的大小或者重量给我，因为我知道你一定会把石头给我，让我自己掂量它的大小或重量。

我们可以不考虑石头本身而只考虑石头的大小或者重量，但是我们不改变石头本身就无法改变石头的大小或者重量。如果这块石头在一大堆石头中间，我们可以只捡起这块石头，不去管其他的石头，但是我们不能只拿走石头的大小或者重量，而把这块石头留在那里。

在亚里士多德看来，物体的属性和物体的关系就如石头的大小和重量属于石头一样，属性存在于这个东西上（比如，石头的重量存在于石头上），但是它自己又不能单独存在（而石头，它本身就可以单独存在）。

一种物质或者物体可以存在于众多物质中，也可以从众多物质中分离出来，就像我们可以在一堆石头中捡出一块石头一样。但是，即使是在一大堆石头中，每一块石头都独立地存在。这与石头的大小和重量不一样。大小和重量不能单独存在。它们永远是物体的大小和重量，当它们存在的那个物体不存在了，它们也就不存在了。

区别物体和它们属性的另一个要点就是看事情如何变化。一块粗糙的石头可以被打磨光滑。一块比较圆的石头可以被磨得特别圆。我们要改变一块石头的属性，我们只能改变这块石头本身。我们永远不能通过改变另一块石头来改变这块石头的属性。

即使这块石头由于某一方面变得不一样，从而使这块石头不再是以前的那块石头，我们也绝不能说这块石头由粗糙变光滑了，或者说由大变小了。明白了这一点，我们就能理解亚里士多德的理论。所谓物体就是要保持本体不变（如这块石头），同时可以在某些方面有所改变（如它的大小、重量、形状、颜色和结构等方面）。

物体的属性不同于物体本身，它们是不可改变的。粗糙不会变成光滑，绿色不会变成红色。而粗糙的石头会变成光滑的石头，绿色的番茄成熟后会变成红色的番茄。这是物体在变，物体的属性没变。属性就是物体发生改变的显现形式。

亚里士多德试图列举出物体所有的属性，但是这种完整的列举有可能会遭到质疑。不过他所指出的这些属性都是我们日常生活中耳熟能详的，尤其是那些事物变化的主要方面：

——数量，发生在事物的尺寸和重量变大或者变小时

——质量，发生在事物的形状、颜色或者结构发生变化时

——位置，发生在事物从一处位移到另一处时

事物还有其他属性，比如它和其他事物的关系、它能进行的活动、它被作用的结果、它所存在的时间以及它停止存在的时间等。

在一种事物所有的属性当中，最重要的是贯穿它存在始终的那个属性，也就是只要它存在就不会改变的那个属性。这种永久

的属性使得这种事物一直保持这样。比如，盐的永久属性就是溶于水，金属的永久属性就是电的良导体，哺乳动物的永久属性就是能繁育后代，能哺乳幼崽。

这种属性不仅是事物本身具有的特点，还是使它们有别于其他事物的特点。对于我们曾被问及的问题我们能举一反三，然后提出类似的问题，这一属性是我们这种理性动物区别于其他动物的本质属性。当然，理性动物也是“体”，他们是物质，但又不仅仅是。

所有这些事实的存在都体现在我们是“人”这个字上。我们把人类称为人，我们不会把蜘蛛、蛇、鲨鱼和鸟称为人。我们把宠物猫和宠物狗当人对待，就像它们属于人类一样，至少像是人类一样。但是总的来说，我们对待它们，不会像对待人一样。

基于这一点，我们用“物”这个字来指代物质的东西，这个物是相对人而言的。这是一个比较麻烦的字，因为它的意思太宽泛了，可以用它来指所有可以想到的东西，不仅包括现存的物质的东西，还可以包括它们的属性，包括不存在的东西，或者从来没有存在过的东西，甚至还可以指不可能存在的东西。可有的时候，物这个词只限于指代现在的、过去的或者将来的物质世界中的“体”。

在不同的情况下使用相同的一个词，往往是不可避免的。我们平时用得最广的词，尤其是我们日常说话常用的词，总是不可避免地会被反复用、重复用。亚里士多德经常提醒大家注意同一个词在不同场合的应用。设身处地地想想，我们确实应该注意我们用词的场合。

我们把人类称为人，从一方面讲，人类也是物质事物，但是从另一方面讲，他们又不是物质事物。作为物质事物，他们具有我们所熟知的三个维度。作为人，他们同样也有三个维度，只是这三个维度的意义不同而已。

第三章

人的三个维度

把我们自己看作“体”，或者仅仅是物理的存在，就可以说我们的三个维度和其他体的三个维度一样，就是长、宽、高。这是任何一种体都占据的空间。

作为体，我们和其他所有的体一样，都是物质的存在。但正如我们所看到的，我们是特殊的存在，是独一无二的存在，因为我们是人。那么，不作为体，而作为人时，我们的三个维度又是什么呢?

从空间上看，我们的一个维度是方向，可移动的方向。我的手可以从左侧移动到右侧，从前面移动到后面，从上面移动到下面。就像空间维度一样，人的维度也是有方向的。这个方向是我作为一个人，可以以人类的方式活动的方向。我确信，作为物理体，我们只有三个维度，但是作为可活动的人类来讲，我不敢肯定我们是不是只有三个维度，但是我们的活动却只能在这个三维空间进行。

然而，我认为我要说的这三个维度代表了人类活动的三个重要方向。也许还有其他的，但是我不敢肯定它们和这三个一样重要。我说的这三个维度就是创造、行动和认知。

第一个是创造。人类有艺术家、有工匠，他们是各种东西的创作者，如鞋子、船只、房子、书籍、音乐、绘画等。并不是只有当人们创作雕像或者绘画作品时我们才称之为艺术家，那样的话，对艺术这个词的使用就太狭隘了。世界上任何东西，只要不是天然的，是人工制造的，就都是艺术品。

第二个是行动。我们人类是道德的人，是社会的人。人们做事情，或做对，或做错；人们通过做事或者不做事而获得幸福或者失去幸福；人们认为有必要和其他人打交道，因为只有这样，才能去做那些他们认为必须要做的事情。

第三个是认知。人类是学习者，他们学习各种知识。他们不仅学习有关自然的知识，有关他们所生活的社会的知识，有关人性的知识，还学习关于知识的知识。

从这三个维度上讲，人就是思想者。但是人类为了制造东西而进行的思考，和为了行为得体、举止得当而进行的思考，是不一样的。这两种思想都有别于人类为了认知而具有的思想，这种认知就是为了认知而认知。

亚里士多德非常关注这三种思维方式之间的差异。他用“创造性思维”（productive thinking），来描述人们作为创造者所涉及的思考；用“实践性思维”（practical thinking），来描述人们作为行动者所涉及的思考；用“思辨性思维”（speculative thinking）或者“理论性思维”（theoretical thinking），来描述人们作为认知者所涉及的思考。

我们在亚里士多德的许多书中均可见这三种思维方式的三个分支。比如他的一些关于道德和政治哲学的书，就涉及“实践性思维”和人是行动者。也就是说，作为个体的人，他会独立生活，而且会尽量让自己的生活过得美好，同时作为社会的人，他们还和其他人打交道，和其他人合作共事。他还有一些关于自然哲学的书就涉及“理论性思维”，也就是关于整个物质世界，包括这个世界里的人、人的思想和人的知识等。

亚里士多德写过一部论著，内容是关于人是创造者的。但是这本书只涉及人是诗歌、音乐和绘画的创造者。他给这本书起名为《诗学》（*Poetics*），这是一个希腊词，英语中的诗歌（poetry）一词就是源于它。这个词的意思就是创造，而且是指创造任何东西，不仅包括那些让我们愉悦的事物，还包括那些让我们享受的同时也带给我们快乐的东西。人们生产出很多种超乎寻常的有用之物，比如我们穿的衣服、住的房子、房子里的家具以及制作这些东西所需要的工具。

我们发现在亚里士多德关于自然的著作中，尤其是关于自然哲学的书中，他更多地写到人是创造者，创造出很多有用的物品。为了更好地了解自然现象，亚里士多德经常来对比人类制造的东西和大自然的天然杰作。在他的那个时代，他对人工制造的理解，帮助他自己理解了大自然的天然杰作，这些理解以后还帮助我们对这方面加深理解。

这就是为什么我要在本书的第二部分先写人类的创造活动这一维度。在之后的第三部分，我会谈到人类活动的另一个维度，就是人是道德和社会的存在。在第四部分我会谈到人是认知者，我把我们认为最难理解的人类思想和知识这些问题放到最后解释。

每个人的字典中都有三个最具挑战性的词。这三个词定义了普遍的价值，事关尊重，也涉及困惑。这三个词就是真（truth）、善（goodness）和美（beauty）。这三种价值都属于人类活动的三个维度。

在创造范围内，我们关注美，或者至少说是努力生产出做工精美的东西。在行动范围内，作为个体的人和社会的人，我们关注善恶与对错。在认知范围内，我们关注真。

第二部分

人是创造者

第四章

亚里士多德的鲁滨逊

如果《鲁滨逊漂流记》是亚里士多德写的，那么故事的寓意一定和原文有所不同。鲁滨逊的这个故事我们都读过，主要讲述在船失事后，鲁滨逊漂流到一个荒岛上，他一个人在荒岛上创造性地解决问题，以保障自己在岛上过得安全而舒适。这个故事也赞颂了鲁滨逊的一些品德，比如他的勇气和他的远见。这是一个人类征服自然从而掌控自然的故事。

对于亚里士多德来讲，这个小岛就代表大自然，这个大自然是还未被人类触碰过的大自然。大自然的杰作就是那些树木、灌木的播种，植被的生长，动物的生老病死，沙丘的移动，岩石的风化，岩洞的形成。这些大自然的杰作早在鲁滨逊到来之前就从未间断过，它们一直都在那。亚里士多德会通过鲁滨逊所带来的这些改变，去让人们理解，即使没有鲁滨逊这些变化也会发生。对于他来讲，这个故事不是人类改变大自然的故事，而是人类与大自然和谐相处的故事。

当我们努力去理解一件很难理解的事情时，一个好办法就是从一些容易理解的事情入手，这样我们就能清楚地知道我们是不是能解决那些更难理解的问题。因为那些更容易理解的事，往往会对那些不易理解的事有所启迪。人类在进行创造和改变前，对所发生的事是有所理解的。这一点比起没有人类参与的大自然的天然杰作的形成更容易理解些。因此，先理解艺术作品这个比较容易的事儿，就有利于我们理解天然杰作这个比较难理解的事儿。

在上一章我提过“艺术作品”最广义的意思是包含人类所创造的一切。现在，让我们对此重新考虑一下。人类所生产的一切都是人工制造，而不是天然形成吗？父母生下孩子，那孩子是人工制造吗？还是说他们是艺术作品？我觉得你可能会说他们不是艺术品。如果你这么认为，那么你还没有成功地界定人工和自然的划分。

假设闪电击中了茂密森林中的一棵树，树被劈开，树枝断落，一些起火的树枝引发了森林大火。这场森林大火以及由于闪电击中大树所引发的一系列变化都是天然的，你的理解是不是这样？

但是，如果是一个人走在森林中，随手扔掉正在燃着的烟头，烟头点着了草丛中干枯的落叶引发大火，最终森林淹没在火海中。这场森林大火是人为造成的，而上面我们提到的森林大火是自然形成的。那么第一场火就是自然的杰作，第二场火就是人工的，不是自然的，是这样吗？

可是，如果我们假设在森林中的那个人没有扔掉点燃的烟头，假设他把一些干枯的树枝和树叶堆起来，用小石头围起来。然后他把它们点着来做饭。这样我们可以很正常地说这是他生的火。那么他生的火和那个因为随手丢的烟头而引发的火是不同的，因此可以理解成生的火带来的火灾就是艺术作品吗？

你先别急着回答这个问题。你首先得记住火是自然的，没有人类它也照样产生。事实上，当人们取火时，他取的到底是什么？是取的火本身，还是那种可以方便他在特定时间和特定地点产生的火，就如同那个走在森林中的人，当他想做饭时点着的火是一样的？

再举一个例子。闪电可以把树枝劈断。人用斧子或者锯也能做到这一点。当人们盖房、做桌椅需要木料时，他们就会这样做，我们称之为伐木。你也会理解，人们盖的房子就是艺术成果，那不是天然成果，也就是说，房子是人工的，不是天然的。其实，盖房子和取火不是一回事儿，因为你也不确定你生的火是人工的还是天然的。

那么人造的房子或者桌椅和人工取的火有什么区别呢？抑或是闪电劈下来的树枝和伐木工砍下来的树枝又有什么区别呢？野

营者为了做饭生起的篝火和在森林中闲逛的人随手丢掉的烟头而引发的火又有什么区别呢?

让我们先来回答最容易的问题。燃着的烟头引发的大火是个意外，而不是故意的，这不是人们有意而为之。这场火是由人们的粗心大意导致的，不是蓄意谋划、提前预计好的。正因为不是人为的故意的行为，所以在划分这种火是人工的还是自然的时候，我们就把它放在自然的那一侧。

这火是人为的，但不是人造的。这是人的行为的结果，但是人和闪电一样都是自然的一部分。然而人们的行为产生的后果不一定都是艺术品。

那么人们因为要做饭而生的火，或者因为要遮风挡雨而盖的房子，又怎么界定呢?人的行为都不是偶发的。上面提到的这两件事都是有计划、有目的的行为。至少从目前看，要是界定它们是属于人工的还是天然的，我们会把它们置于人工这一侧。那么，它俩之间的区别又是什么呢?

有一点很清楚，那就是人类还没有出现的时候，自然界已经有火了，但是那时没有房子。人们可以通过划火柴、点燃枯枝干叶来帮助大自然生火。可是当人们盖房而不是生火时，就不是为大自然做的了。以前我们也说过，不是人类创造了火，人们只是在特定时间、特定地点让火产生。可是换个角度说，房子确实是人们创造的。

鲁滨逊从船的废墟中找到一些工具盖了房子，这确实是他一个人造的，绝不是他在特定时间、特定地点让房子出现的。正如因为有了闪电才有可能引起大火一样，要不是鲁滨逊在岛上，岛上也不会出现房子。

还有一个问题要解决。目前我们已经认定鲁滨逊的房子是有目的地设计和建造的，是一件艺术品，但是这件艺术品不是大自然的艺术品，而是人工的艺术品。但是它完全都是人工的吗？完全是人创造的结果吗？《圣经》告诉我们，上帝创造世界之前，世界是一片混沌。上帝是从无形中创造了世界。那么鲁滨逊造的房子是从一无所有中创造出来的吗？

绝不是这样的。盖房用的木头有他用斧子从树上砍下来的，也有用锯锯下来的树枝，有些木头是用刨子刨光的。盖房子用的木头源自大自然。那我们就从这儿开始说吧：用铁制造的钉子也是如此。鲁滨逊从岸边废船的工具箱中发现的那些工具和钉子就是这样的。房子确实是鲁滨逊自己盖的，不是天然形成的，但是盖房子用的木头和钉子却是天然材料。鲁滨逊很幸运能找到那些可用的工具。

我们可别忘了说说父母生孩子这件事。我们已经认定孩子是天然的杰作，不是人工的，也就是说，他们不是艺术品。这是因为他们是偶然而生而不是有意而生的吗？

我们知道有时候孩子的出生是父母不小心的结果，他们本来没有计划要孩子，结果孩子意外到来了。但是，即使父母计划好了要孩子，而且他们也很幸运在某个时间、某个地方帮助大自然生产了孩子，但是，这些孩子绝不同于野营者帮助大自然生的火，也不同于鲁滨逊从大自然获取材料盖的房子。

他们为什么不同呢？就目前来看，上面给出的答案还是比较令人满意的。孩子和其他动物的后代一样，不用想、不用计划、不用刻意也会产生。但我们所称之为艺术品或者人工作品的任何东西都不是这样的。就如同人类了解了大自然的火是如何产生以后可以自己生火一样，当人类了解大自然中动物的后代是如何繁衍以后，也就可以自己孕育后代了。

如果他们对繁衍后代一窍不通，他们的孩子就纯属意外了。如果他们了解这方面的知识，孩子的到来至少在某种程度上是计划内的结果。

我们调查了很多孩子的出生情况，有意外到来的，也有计划之内的。我们对他们进行比较以求发现不同，从而能把他们区分开来，看把他们放置在人工的或者天然的哪一方更合理。现在最好先看看我们了解到的情况，然后再去区分他们。

首先，我们认为火本身是纯天然的东西。某人在一个特定时间和特定地点有意生的火是人为的结果。也就是说，如果在那个时间、那个地点没有人去生火，那个火就不会产生。

其次，野营者为了做饭而生的火的人工属性，和鲁滨逊为了挡风遮雨而盖的房子的人工属性不同。尽管二者都是人们有意为之，但是房子和火不一样，因为要是没有人盖房，房子永远不可能自己产生。因此，我们可以把野营者生的火称之为人工事件（happening），而我们把鲁滨逊盖的房子称为人工产物（product）。

再次，尽管鲁滨逊盖的房子是人工产物，但是它又不完全是人工的。盖房子的材料源于自然，房子不是无中生有的。因此，房子和我们生活的世界又不同了。据《圣经》的描述，上帝是从一无所有中创造出这个世界的。因此，我们应该把人们从自然取材而制造出来的东西称为产品（production），而不能称其为创造物。

最后，我们再来看看那些孩子和其他动物的后代。我们一般会称呼他们为产品或者创造物吗？肯定不会。我们一般会用这样的语言来描述他们的存在：繁衍或者生息的结果。

这一事实意义重大。生物繁衍生息的结果不同于闪电引发的火，那种火是一种自然事件；同时，繁衍生息也不同于人们生的火，那种火是一种人为事件；再有，繁衍生息还不同于鲁滨逊盖的房子，那房子是一种人工产物；最后，繁衍生息也不同于上帝从一无所有中创造出的世界。

但是，了解了人类如何盖房子，有利于我们了解动物如何繁衍生息后代。了解了人类如何生火，有助于我们了解自然火是如何产生的。了解了生火与盖房的区别，有助于我们了解自然火产生和动物繁衍后代的区别。

现在先别问了解这些是否有助于我们了解上帝如何创造世界。这个问题要等到我们弄明白我们对天然所成和人工艺术的理解是否会引导我们回到《圣经》里的创世纪的故事，而这个故事是亚里士多德从没有读过的。

第五章

变化和永恒

亚里士多德对他之前的思想家抱有极其明智的态度。他说聪明的人就会去关注前人所持有的观点和看法，这样才能发现他们哪些观点是正确的，哪些观点是错误的。把正确的从错误中筛选出来，这就是进步的标志。

赫拉克利特[①]和巴门尼德[②]是比亚里士多德还要早的两位思想家，他们对于这个世界持有极其不同的观点。赫拉克利特宣称，一切，所有的一切都一直在变化；没有任何东西，绝对没有任何东

---

① 赫拉克利特（前535—前475年），古希腊朴素辩证法思想的代表人物，第一个提出认识论的哲学家，代表作为《论自然》。其名言是“人不能两次走进同一条河流”。——编者注

② 巴门尼德(前515年—？),古希腊哲学家,创造了形而上学的论证形式。——编者注

西是一成不变的。克拉底鲁[①]就是他的一个追随者。克拉底鲁甚至更加夸张地说因为词汇的含义在一直不停地变化，所以人们用语言交流实际是不可能的，而唯一能交流的方式就是摆动手指。

而在另一个极端，巴门尼德宣称永恒主宰一切，永恒至高无上。它是什么，就永远是什么；它不是什么，就永远不是什么。任何东西都不曾存在或者消亡；任何东西都不会改变，任何东西都不动。巴门尼德认为我们日常生活中经历的所谓的改变或者活动都是一种幻象，我们的感觉欺骗了我们。实际上，所有的一切都是一成不变的。

你也许想知道巴门尼德是如何让人们接受这种和我们日常经历如此相悖的极端思想的吧。巴门尼德有个追随者叫齐诺，他想方设法创造出很多论证，就是想劝说我们相信当我们看到有东西在移动时，我们实际上是被骗了，因为那只是幻觉，我们正在遭受幻觉的困扰。

他所创造的论证中有一个是这样的：如果你想把网球从这半场打到对面的半场，球要想到达那半场，首先要通过一半的距离到达球网处。球要想到达球网处，就要通过球场一半的距离，或者至少要到发球区。为了到达发球区，球就得通过一半的球场距

① 克拉底鲁，赫拉克利特的学生，古希腊哲学家，诡辩派的代表，他比其老师走得更远，提出“人一次也不能踏入同一条河流”的观点。生平不详。——编者注

离，然后这样无限循环下去，始终会有一半的距离。由此可见，如果我们要遵循齐诺的推理，就会得出这样的结论，那就是球永远不会被打出，球永远不会离开球拍。

亚里士多德非常熟悉这些观点和论证。常识和经历告诉他，这些都是错的。如果词汇的意思永远在改变，那么赫拉克利特和他的追随者们又怎能反复不断地说一切皆在变化？又假设就像他们一直那样做的，就是每次他们都一直在说同样的话，而不是相反的话，这又怎么解释？如果说天体的运动是一种幻象，那么日月更替也是一种幻象。如果一切都不曾存在也不曾消亡，如果没有人会死去，那么巴门尼德和他的朋友齐诺现在又在哪儿呢？

赫拉克利特和巴门尼德都错了，但是他们并不是全都错了。事实上两个人都有一半是对的。亚里士多德认为整个真理就在于把这两个正确的真理部分结合起来。

一方面，运动和变化，它们的出现抑或是消失都是自然而然形成的，而且是在人类出现以前很久就应该有的。我们对自然的普遍理解定位是现实在改变，这绝不是纯粹的幻觉。事物是什么样子就是什么样子，它们就是在不停地改变着。

另一方面，不是所有事物的任何方面都在不停改变。每次改变过程中，一定会有某些部分保持永久不变，也就是说，在一部分或另一部分改变的同时，还有一些始终保持不变。我们还是以上文提到的那个网球为例，这个球的确是有移动，但是当它到达对手的底线位置时，它还是你当初击打的那个球。如果这个球被站在边线位置的魔术师施加了魔法变成另外一个球，那么这个球就犯规了。

从这里到那里的移动（亚里士多德称之为位置改变）是既保留不变又具有最明显改变的例子。移动的物体在位置上发生了改变，可是它本身却没有改变。如果网球在离开你球拍时是“你的那个网球”，那么当对手把它打回来时，它还是“你的那个网球”，完全一样，没有任何改变，没有变成别的球。

亚里士多德对两种位置改变做出过区分。首先，你不小心把网球弄掉了，它因为重量落到了地上（我们会说这是因为重力的原因，其实重量是重力的另一种说法）。球不是你故意扔掉的，而是自然掉落的，这就是一个自然变化，不是人为的改变。

但是，如果你用球拍击打球，这就是一个人为的移动，不是自然的移动。因为球的重量使得击打的力量超过了球掉落的自然趋势，所以这个打击力让球沿着你设想的路线飞行，可是如果你没有击打它，它就不会沿着你设想的方向飞行。我们向月球发射火箭是一个道理。像火箭那么重的东西不会进行自然移动，要不是我们给它一个助推力，它不会自动地离开地球的引力场。

我们周围有大量物体，从网球到火箭，从电梯到炮弹，要是没有人为的干预，它们是不会像现在这样出现位置改变的。因为它们的位置改变不是自然发生的，我们是否可以把它们的移动称之为人工移动呢？之所以这样说，是因为这些移动都是人为实现的。亚里士多德把它们称为受力运动（violent motions），因为人们这样做，违背了受动物体的自然趋势。

还有哪些自然发生的改变，是通过人的外力作用实现的呢？太阳的光照让西红柿成熟，由绿色变为红色，这不是位置的改变，这是颜色的改变，是西红柿属性的改变。

西红柿先是绿色的，然后变为红色的，就如同上文提到的网球一样，一度在球场这边，然后又到球场那边。这两种变化的共同之处就在于时间的改变，而不是空间的改变。西红柿的成熟过程没有空间的改变，只有质量的改变。但是无论是空间改变还是质量改变，要是没有时间的改变，什么改变都不会发生。

人们可以把绿色的东西涂成红色，也可以把红色的东西涂成绿色，比如房子、桌子、椅子等。西红柿的成熟是一种自然的改变，把东西涂上颜色是一种人为的改变。要是没有人为干预，那些过去是绿色的房子、绿色的桌子和绿色的椅子，不会在另一个时间都变成红色的。

除了自身运动（local motions）和质量改变（alteration），还有第三种改变，这种改变既是自然的又是人工的。首先我们从它的人工形式说起。

拿一个气球，把它吹起来，气球的大小和形状都发生了变化。你要是不停地吹起，它就不断地变大。如果你把气放出去，气球就会变小，从而恢复原来的形状。

把气球放在桌子上，它不会自己变大。把气球吹起来，在口那儿打个结绑住，气球就不会变小。大小的变化、形状的变化都是由人操纵的。人同时让两个人为的变化产生了，一个是质量的变化（气球形状的改变），另一个是数量的变化（气球大小的改变）。

数量的改变是自然的，也是人为的。比如，岸边的岩石因为海浪的不断拍打而磨损，变得越来越小。海浪的作用还能使岸边的岩洞越来越大。我们身边还有很多类似的大小和重量发生改变的事例。植物生长、动物成长，这其中当然包含很多的变化，其中大小和重量这样的数量改变必不可少。

尽管生物体成长的一方面必定是数量的增加或者改变，但是我们发现无生命体的增长中并不存在这种特殊的性质。你生了一堆火，可以不断地往里添加木块，让火变得更旺，加入的木块越多，火就会越旺，没有一个极限。如果你喂兔子吃胡萝卜，兔子就会长大，但是无论你给兔子喂多少胡萝卜，兔子的成长是有限度的。

你可以建更小或者更大的金字塔。如果给你充足的石料和人力，你可以建一个比现存任何一个金字塔都更大的金字塔。但是，在喂养动物这方面，无论你做什么，你也不可能让它长到比某一尺寸更大。比如你不可能让一只家猫长到狮子或老虎那么大。

反之亦然。你把吹起的气球放气之后，气球就会变小，直到完全瘪下去为止。动物停止成长以后，它们的身体就会停止增长，但只要它们活着，它们的身体就不会缩小到零点。

但是，动物和植物都会死去。其实，气球也是这样。当你吹进太多的气，气球就会爆炸，它们就不是气球了。这个就是我们要谈到的第四种变化，既是天然的又是人工的变化。这个变化和其他三个截然不同，所以亚里士多德单独把它列了出来。

我们知道其他三种变化都需要时间促成。物体从这里运动到那里，颜色发生变化或者形状发生变化，变大或者变小的这些过程中，时间就悄悄流逝了。气球爆炸的同时它就不再是气球了，这个变化几乎不需要任何时间。这个变化发生得太快了，几乎是在我们察觉不到的瞬间发生的。或者我们也可以这样说，某一刻气球是存在的，紧接着的下一刻，它就不复存在了。留给我们的不是能吹起来的气球，而是橡胶碎片。

兔子的死亡也是一个道理。在某一刻，它是活着的，但是下一刻它就死了。给我们留下的仅是兔子的尸体，随着时间的流逝，尸体会慢慢腐烂直至分解。

这种特殊的变化（亚里士多德称之为存在和消亡）之所以特殊，除了它的瞬时性外，还表现在其他方面，所以这就给我们提出了一些需要思考的严肃问题。

我们已经提到的每一种变化，总会有始终保持不变的地方。物体的位置移动、颜色改变和尺寸变化，并没有改变这个物体本身。可是，当气球爆炸后什么是保持不变的呢？兔子死时什么是保持不变的呢？腐烂分解的尸体已经不再是当初那个我们喂胡萝卜吃的兔子了，橡胶碎片也不再是我们当初吹的气球了。

然而，在这个特殊变化过程中还是有保持不变的地方。比起动植物的生死过程，这种不变更容易在事物的产生和消亡中看到。

木板、钉子和胶不会自行凑到一起来制成椅子。而人们可以通过某种方式把这些材料放到一起来制作椅子。把这些材料放到一起做成椅子之后，或是在变成人们可以坐着的椅子那一刻，这些材料本身跟之前相比没有变化。

你发现这把椅子坐着不舒服或者你还有其他的椅子坐，你现在想把这把椅子变成一张桌子。你可以将这把椅子拆开，不见得能用上所有用过的钉子或者胶，但是起码能用木板和部分钉子，用差不多同样的材料制成一张小桌子。如果当初你做椅子时没用胶，而且如果你能把椅子上的钉子都拔出来，它们又都还能用，那么做椅子用的材料（当然现在它已经不是椅子了），和即将成为桌子的材料是完全一样的。它们唯一的区别就是怎么被拼装到一起的。

因此，事情应该就是这样的：在人工生产和毁灭中，整个变化过程中始终保持不变的不是被生产和被毁灭的东西，而是那些被制作人拼装在一起用的材料和被拆开后剩下的材料。

同样的情况也适用于兔子的死亡。兔子活着的时候，就像是椅子和桌子一样，都是一种材料，有它的构成成分。这种成分不见得以一种形式存在，然而当兔子死亡、腐烂、分解时，这种成分仍然存在。正如椅子的无机材料可以构成桌子，兔子的有机材料也可以构成另一种生物。

豺也许会捕杀并吞食那只兔子，然后摄取养分。在一定程度上，豺可以吸收吃掉的食物，这样，兔子的有机成分就会进入豺的骨骼、肉体和肌肉里。

现代科学对上面所发生的事情有一个说法，这种说法亚里士多德是没有用过的，我们把它称之为成分保留。不管怎么称呼，要点是在这个生和死的特殊变化过程中，有些东西始终保持没变。这种没变的东西，在制作桌椅这些人工产品中就体现在制作的材料上。

在人工制品中，我们通常很容易辨别这些不变的东西——比如上面提到的那些木板和那些钉子。可是，当一种动物吃掉另一种动物或者一种生物死去时，我们就很难辨别出哪些成分被保留下来。但是，毋庸置疑的是所有事关生死的事例中，无论是天然的还是人工的，无论是成分本身还是某种材料，都经历了转化。

我们上面提到的成分本身或者某种材料是什么意思呢？可以这样理解，就是人类在制作或者毁坏一种人工制品时，绝对不是直接使用成分，而仅仅是使用某种材料。相对而言，我们都知道大自然是不同于人类的，那么大自然也是直接涉及材料吗？如果是这样，那么在人工生产和消灭中保留不变的和自然生成与消亡中保持不变的就不是一样的了。

是相似但是不完全一样。人类生产和毁坏过程中，同一材料的转换，与自然生成和消亡过程中成分的转变，只是相似但不完全相同。但是这种相似也足以帮助我们了解自然中的生成与消亡是如何发生的。这个问题我们在接下来的几章中再详细探讨。

第六章

四种原因

人们对日常生活中普遍经历和熟悉的那些变化产生了质疑，并提出了四个问题，亚里士多德对此给出了答案。这些都是常识性的问题，当然答案也是常识性的。我们首先要考虑它们是如何应用于人为变化过程中的，尤其是生产和制作过程。这样才会帮助我们思考这四种原因在自然状态下的运行情况。

第一个问题是关于人类生产的：一件东西是由什么制作而成的？如果你向一个正在干活的鞋匠问这个问题，他的回答应该会是“皮革”。如果你向一个珠宝匠问那些时尚的手镯和贵金属戒指是由什么制成的，他的回答也许会是“黄金”或者“白银”。如果你问一个正在制造步枪的工人这个问题，他的回答或许是“木头和钢材”。例子中提到的每种材料都是工匠们用来生产或制造一种特殊产品的材料，这种材料就是生产的**材料因**（**material cause**），它是四种必不可少的因素之一。没有这些因素，生产是不会发生也不能发生的。

第二个问题是：这个产品是谁制作的？这个问题看上去像是所有问题中最简单的一个，至少是在涉及人工产品时。但是，如果是自然界中的自然变化，或者不是人为而是自然产生的结果，这个问题就不那么简单了。目前看来，有关人工产品，这个问题的答案其实已经有了，它应该和第一个问题的答案一样，那就是：鞋子的制作者是鞋匠，手镯和戒指的制作者是珠宝匠，枪的制作者是制枪工人。每个例子中的制作者都是生产的**作用因**（**efficient cause**）。

第三个问题是：他们制作出了什么？从表面上看，这个问题很简单，你可能都懒得去考虑它。你肯定会说："很明显啊，鞋匠制作的是鞋子，珠宝匠制作的是戒指等。"但是，如果我告诉你亚里士多德把这个问题的答案称为变化或者生产的**形式因**（**formal cause**）时，你也许会对"形式"这个词感到困惑。然而你很快就会明白，就是这个词才和第一个材料因中的材料相匹配。我们先解释完四个原因中的最后一个，再回过头来解释"形式"这个词的意思。

第四个问题是：为什么要制作这个东西？造出来是想达到什么目的？这个制作者抱着什么样的目的和想法，想最终做出这件东西？简而言之，这个问题就是：为什么要做它？以我们一直在讨论的产品为例，答案很快就会揭晓。我们都知道鞋子、戒指和枪是做什么用的，知道它们的用途，知道它们的目的。

亚里士多德把人工制造的第四个因素称为**终极因**（**final cause**）。之所以这么叫，是因为这个因素是一个**结果**（**end**）。当我们制作东西的时候，想到的结果就是最终做出的东西。在我们想使用它之前，首先必须把它制造出来。

我在这之前说过，无论人们什么时候要制作东西，这四种原因都是必备的、不可或缺的因素。之所以说它们不可或缺是因为，这四个要素必须完整才能保证生产这件事发生，缺一不可。单独来看，四个因素中的任何一个都是必要的，但是仅凭它们任何一个，又是远远不够的。

这四个因素必须同时存在并且以某种方式相互作用才能完成一个制作过程。工匠必须要有可用的材料，而且他们必须使用这个材料。然后，他必须把手里的材料转化成要制作的东西。总而言之，他要有制作这件东西的理由，否则的话，他也不可能花精力去做。

也许你会质疑上面的最后一点，也就是，制作这件东西的初衷，一定要存在并且要起作用。难道就不可能有人不是出于什么目的而做件东西？难道他做之前就没想着要干什么，也没什么特殊目的？

要想确切地回答这个问题并不容易。尽管你必须承认的事实是，在大部分情况下，人们费力去做什么东西是因为他们需要或者想要使用它。然而，也有偶然的情况，他们拿着手头的材料摆弄，结果一不小心就做出了某种东西。而这个纯属毫无目的的、偶然的结果。

要是这样，似乎就没有一个终极原因，也没有设想的预期结果。至于制作出的这件东西的目的和使用功能，也许会在它被做完之后再给予考虑，但是制作人肯定事前没有想到这些。因此，对于这个发生过程，我们很难把它作为一个不可或缺的因素或者原因来说。

让我们把注意力从人工产品转向自然产物。关于终极因存在和作用的问题，在这里体现得更显著。对待这件事我们一定要有一种公正的态度，因为如果我们说自然是有意识或有目的地造出这个或那个，那我们的内心一定会感到惴惴不安。也许我解释了亚里士多德提出的四种原因中的第三种形式因后，我也就可以回答自然创造的终极因是如何作用的这个问题了。

在我这么做之前，我尽可能用最简单的术语描述和总结一下这四种原因。因为关于这四种原因的表述太简单了，所以可能会比较难理解透。我们尤其要注意每种表述中的黑体的关键字。

1. 材料因：使用这种**材料**（**out of which**）制作一件东西。

2. 作用因：**由谁**（**by which**）把这件东西制作出来。

3. 形式因：这件东西**变成了什么**（**into which**）。

4. 终极因：这件东西被做出来的**原因是什么**（**for the sake of which**）。

当我们说这件东西变成了什么的时候，我们想表达什么意思呢？由鞋匠做成鞋子的皮革，在鞋匠用它做鞋之前不是鞋子，它之所以变成鞋子或转化成鞋子，是因为鞋匠的工作，把它从仅仅是一块皮革转化成了由皮革做的鞋子。之前是一块没有鞋子形状的皮革，后来变成了鞋子。这就是为什么亚里士多德说“变成鞋子”是生产鞋子的形式因。

我们引用“变成鞋子”这种表达，可以帮助我们避免在解释形式因时可能会犯的最糟糕的错误。一提到某种东西的形式，我们很自然会想到可以在一张纸上画个草图，画出它的样子，但实际上鞋子的形状、颜色、尺寸种类繁多。如果你手拿画板站在一家鞋店的橱窗外，你会发现很难或根本不可能画出橱窗里各种鞋子形状的共同之处。

你也许能想出它们的共同之处，但是你画不出来。如果你确实想到了所有鞋子的共同之处，包括它们的形状、尺寸和颜色，那么你就是抓住了亚里士多德所说的“变成鞋子”这一形式。如果没有这种形式，鞋子是永远造不出来的，做鞋用的原材料也永远不可能转变成鞋子。

请注意“转变”（transform）这个词，它的拼写里包含“形式”（form）这个词。当你把原材料变成不是它们自己的别的东西时，如皮革变成鞋子、黄金变成手镯等，你其实是赋予它之前不曾拥有的一种形式。鞋匠通过在原材料上做工，把它们转变成它们可以成为的东西，但是，在鞋匠加工它们之前，它们可不是这件东西。

如果考虑其他我们以前讨论过的各种变化，而不是单纯认为形式因就是一个东西所拥有的形状，那么我们就会更加远离这个错误。我们讨论过的那些变化不是像鞋子、戒指或枪这样的制品。

你发出的网球从你的球拍穿过场地到达对手的底线，你就是这个动作的作用因，因为是你用力击打球把球发出去的。这个球就是材料因——是力的作用对象。但什么是形式因呢？一定是什么地方，但肯定不是你击球后球出发的地方。我们假设球过了网而对手没有接到球，球最终在后挡板那儿停下来。球停下的地方就是这个动作最终结束的形式因。球的位置或者地点，是从球网的你这边，转换到后挡板的那边。

同样，绿色的椅子被涂成红色也是颜色的一种转变。变成红色是你涂椅子所引起变化的形式因，就如同到达那边是你击打网球所引起变化的形式因一样。每一种变化中，你都是作用因。一种变化中，绿色椅子是材料因，是你把它涂成红色的，所以你是作用因。在另一种变化中，瘪下去的气球是材料因，是你先把它吹起来的，你就是作用因。

我们上文考虑过的那三种变化都是自然发生的，并没有人作为作用因出现。当我们研究它们的自然发生情况，找出这四种原因就更难了，同时又出现一些新的问题。然而我们说过的人为引起的变化，会对我们对自然变化的理解有所帮助。

阳光让西红柿成熟，从绿色变为红色。光线是这个改变的作用因，西红柿本身经历着这种变化，就是材料因。此时，就如同人把绿色椅子涂成红色一样，变成红色是形式因。但是有别于刚才说的形式因，这里没有终极因。

人把绿色椅子涂成红色，也许是为了让它和某一房间内的其他椅子更搭配。这个人的目的或者最终想法，不同于椅子颜色转变中的形式因，即变成红色。但是我们也不能说太阳晒着西红柿就是想把它变红，成为一个可以食用的标志。西红柿成熟的最终结果，就它表面颜色来说，就是逐渐变红。逐渐变红既是这个变化的形式因，也是终极因。

同样道理也适用于持久被海浪拍击而侵蚀的岩石，在这个过程中它们变得越来越小。这个过程也许会持续很长一段时间，但是总会有那么一个时刻，岩石的大小就会成为这个变化的形式因和终极因。

对于颜色的自然改变和尺寸的自然缩减所给出的解释，也适用于地点的自然变化。意外掉下的网球落在地上最终会停在某处不动，最初的移动在球停止的地方结束了，这个地方也因此成为这个动作的形式因和终极因。

在这个例子中，如果有人问它的作用因是什么，答案应该是地球引力。这个答案我们大多数人在学校都学过，但是它有可能会让亚里士多德感到困惑。这个事实不会影响我们去理解作用因和其他三个原因，即材料因、终极因和形式因之间的区别。然而，不管我们如何给它们命名，在任何一种变化过程中，总会有一种原因作用于一个可变的物体或者对它施加一种影响，使得这个可变物体在某一方面发生变化，即由绿色变为红色，或由大变小，或从这儿到那儿。

现在让我们来考虑一种其他的变化——生物的生长包含的不仅仅是大小的变化，还有其他方面的变化。亚里士多德用了一个我们熟悉的例子来说明这一点。一颗橡子从橡树上落下，掉在地上，生了根，得到阳光雨露的滋养，吸收土壤里的养分，最终又长成一棵茂盛的橡树。

亚里士多德告诉我们，在这个成长过程中，橡子其实就是橡树。它会变成橡树这件事就是这个变化的形式因，也是终极因。通过不断生长，直至全面发展，就是一颗橡子的形式，它拥有的形式就是它注定要达到的终点。

如果不是一颗橡子，而是从一穗玉米上取下一粒玉米种子，我们把它种上，培育它，那么我们会收获一个不同的终极产品——一棵带穗的玉米。依据亚里士多德的说法，在整个成长过程中，最终要实现的结果和要发展的形式其实在最初就已经呈现出来了——就是那颗精心培育后会长成一棵繁茂植物的种子。

亚里士多德承认，其实这些实际上是没有显现出来的，因为橡子已经变成橡树，玉米种子也长成一株玉米了。但它们是潜在的，与实际上真实显现出来的是相反的。一方面是橡子存在的潜能，另一方面是玉米种子存在的潜能，它们之间的区别使得一颗种子向一个方向发展，而另一颗种子向另一个方向发展。

如今，我们说一件事情的时候可以用不同的方式。亚里士多德曾说，一颗种子的"实体形式"不同于另一颗种子的"实体形式"。他使用这个词的意思是说，每颗种子内部都有一种它最终通过生长和发展要实现的潜能，这是一种不同的终极形式和最终结果。我们可以用现代科学语言来解释，那就是一颗种子里的基因序列赋予它生长和发展的方向，而另一颗种子里的基因序列赋予它另外的生长和发展方向，这两者是不同的。

我们认为，这种基因序列在整个过程开始时，就把生物的生长和发展方向设定好了。亚里士多德把生物固有的潜能视为能在它生长和发展过程中引导和控制它变成什么的因素。在某一点上，上面描述的两种变化几乎是可以互换的。我们见到的事实是不可改变的，那就是橡子永远不会变成一棵玉米。

之所以会这样，一定是因为构成橡子的某种物质，从根本上不同于我们食用的玉米粒的某种构成成分。我们把那个称为设计生长和发展的基因，或者说它是引导和控制生长与发展的潜能，不管哪种说法，对于我们理解这个过程都不会产生什么不同的结果。但是，大部分人都知道，这个对于人们如何来干预自然生长过程却有很大影响。

对于DNA（脱氧核糖核酸，是生物化学领域一个术语的缩写）的科学知识的掌握，会帮助我们通过有机体的基因序列进行实验，也能让我们对基因序列所给出的方向做出重大改变。亚里士多德对于潜能所起作用的哲学理解既不会让他，当然也不会让我们，对于自然现象的发生产生任何轻微的影响。

对于潜能和事实，物质和形式这些改变的基本因素，无论是自然的还是人为的因素，我都会在下一章进行详细阐述。这四种因素虽然不能和那四种原因完全一致，但它们确实是紧密相关的。

为了能引起大家对下面所说内容的兴趣，我先让大家想想我们已经提到过的另一种变化：亚里士多德称为产生和消亡的那种特殊变化。作为那种特殊变化的例子，我要给大家举一个我们日常生活中最熟悉的事情。

我们坐下吃饭的过程中吃了一块水果。从树上摘下的苹果到我们的餐盘里时，早已停止了生长。但它依然是生物，因为它里面还有种子，种子被种上可以长出更多的苹果树。如果苹果没有腐烂的迹象，我们就会吃了它，但不会吃果核。那么苹果变成什么啦？

我们不仅吃了它，嚼了它，消化了它，我们还从中吸收了营养，这就意味着从某种程度上，苹果已经成为我们的一部分。在我们开始吃这块水果之前，它的有机物质有苹果的形式，在我们吃完、消化完和吸收完营养之后，这种曾经拥有苹果形式的物质，就和我们体内具有人的形式的物质融合在一起了。

苹果没有变成人，而是物质本身从苹果的形式转化为人的形式。发生了这样的转化后，它不再是苹果的物质，而成了人的物质。

相对于“苹果的物质”和“人的物质”而言的“物质本身”，又是什么意思呢？我们可以这样解释吗：物质本身就是我们每天吃东西补充营养时发生的这种神奇变化中，那个潜在的保持不变的主体？

我希望在下一章我能把这些“物质”解释明白。

第七章

是与非

一般来说，我们都认为一种有机生命体的出生就是它从无到有的一个过程。我们也经常认为一个人的死亡就是他或者她的消亡。

亚里士多德认为，在自然界中发生的变化和人们努力带来的变化这些过程中，他称之为生成和消亡的这种特殊变化，不同于如地点变化、质量变化和数量增减的所有这些其他变化。

自然的这种特殊变化比其他各种变化都更难理解。为什么呢？要想找到原因，让我们先想想人们所进行的生产或者破坏行为。

当人们把东西从一个地方搬到另一个地方，让东西发生变化或者把这些东西变大时，东西本身并没有什么变化，改变的是它的一些属性，如地点、颜色或者尺寸。在发生改变后，它依然是那个独一无二的个体，和改变前没有不同。

很明显，在经历这些变化后一直保留着的同一性和持久性，可以从我们还叫它们和以前一样的名字就能体现出来，改变前这么叫，改变后也这么叫，比如这个球和那把椅子，不是另一个球或者另一把椅子，就是这个球和那把椅子。

当有人用木板这样的原材料做成一把椅子，一件人工制品就此诞生了，它是以前从来没有存在过的制品。以前的几片木板变成了现在这把特殊的椅子。木板变成椅子这件事很显然不同于把绿色的椅子涂成红色。理由是，尽管椅子被涂成不同的颜色，它依然还是那把椅子，但是当它被做成椅子时，那几片木板就不再是，至少不再是以前的那几片独立的木板了。

在我们由人工制品转为自然制造（这只是形成这个过程的另一种说法而已）之前，我们要更仔细地看看这个更容易让人接受的人工制造过程中发生的事，这么做对我们非常有帮助，它有助于我们更好地掌握前一章谈到的四个词的含义，即“物质”“形式”“潜能”和“现实”。尽管人们可以根据日常经验和对这些常识性术语的理解，来弄明白它们的意思，但是这些词在这里和我们日常会话中经常用到的是两回事儿。

原来还不是椅子的那些木板现在变成了椅子的木板。当初这些木板还不是椅子的时候，它们本身不具有椅子的属性。它们缺乏椅子的形式。我们可以用“丧失”这个词来指代被剥夺了某种形态。

这些木板除了丧失成为椅子的形态，还有更多的可能。除了丧失成为椅子的形态之外，这些木板一定还有某种性能使它能够成为椅子。这种性能和它那种被剥夺的形态，具有密不可分的关系，因为如果这些木板不缺乏椅子的形式，它们就不会拥有获得那种形式的性能。而正是因为它们不缺乏这种形式，就说明它们已经有了这种形式。只有当某些材料，比如说木板缺乏某种形式，它们才会有获得这种形式的性能。

我们就把这种性能称为这些材料的潜能。潜能的另一个替代词是“可能是”。你把一样东西说成**是**一把椅子和说成**可能**是一把椅子，这两种说法相去甚远。这些木板**不是**椅子，但是它们**可能**成为椅子，这种说法也是一样。正如我刚才所说的，如果它们是椅子，它们就不会再成为椅子了。

可是，如果说因为某些材料缺乏某种形式，所以它们就会有获得这种形式的潜能，这么说也不对。比如说，水和空气都缺乏椅子的形式，但是和木头不同，它们没有获得椅子形式的潜能。尽管除非这种东西不具有那种形式，一般获得某种形式的潜能都不会体现在这种东西上，但是，单纯的缺乏（缺少或者丧失）形式，并不意味这些东西有获得这种形式的潜能。人们可以用木头制作椅子，但是不能用水和空气制作椅子。

当那些缺少椅子形式但是又具有获得椅子形式的潜能的木板，在木匠的技术和努力下获得了那种形式，我们说这些具有成为椅子潜能的木板事实上已经变成椅子了。在整个成为椅子的过程中，在这把椅子被制作出来的最后一刻之前，那些经历改造的木板也仅仅有成为椅子的可能。直到这种改造彻底完成，它们才真正具有了椅子的形式。

当这些木板真正地变成椅子，它们成为椅子的潜能就被实现了。当然，这也就不再是一种潜能了。木板获得椅子形式的这种事实就把原来木头缺乏这种形式的潜能给消除了，而这种潜能又是空气和水不具备的。

现在我们可以看看这四个重要词语——物质、形式、潜能、现实——之间的相关性了。物质会具有或者缺乏某种形式。在缺乏这种形式时，物质会有能力获得它，也就是它有获得这种形式的潜能。但是，一旦它缺少某种形式，不见得总有潜能，就像我们上面对比木头与空气和水一样。一旦获得了这种潜能带来的形式，这种潜能就得以实现。具有了这种形式就让木板从有可能成为椅子变成了一把真正的椅子。

我一直在交叉使用“物质”和“材料”这两个词。但是当我们一方面指木头，而另一方面指水的时候，我们说的是不同种类的物质。木头不仅仅是物质，它是一种特殊的物质，这种物质有木头的形式，它不同于那个具有水的形式的物质。

一种物质，比如木头，它给人类提供可用来制作椅子的材料；

另一种物质，比如水，它就没有这种用途。物质所具有的形式会使它成为一种特殊的物质（木头），赋予它某种潜能（变成椅子）。具有水的形式的物质就不具备这种潜能。

理解了这个简单的要点，进一步的理性思考就会帮助我们掌握下一个要点。

木头能变成椅子，但是不能变成电灯泡；水可以成为喷泉，但是不能成为椅子。

具有某种形式的物质能获得其他形式的潜能是有限的。每一种物质都是这样，人们用于制作所使用的各种不同的材料都这样，包括椅子、电灯泡和喷泉。

现在假设有一种物质被完全剥夺了形式，成为一种完全无形式的物质，它实际上就不是物质了，但是它又有可能成为任何物质。正因为它不具有任何形式，所以它有获得任何形式的潜能，有获得任何形式的无限潜能。

这么一想，你也许会说："等等。没有任何形式的物质有获得各种形式的无限的潜能，无限的可能。但是，如果它没有任何形式，那它事实上就什么都不是。什么都不是的东西就不存在，所以说，谈论无形式的物质就是谈论不存在的东西。"你也许会这么问，那么我为什么还费神要先讲这个呢？这么想有什么意义呢？

亚里士多德会说，从一方面看，你这么说是对的，纯物质、无形式的物质实际不是任何东西，或者说什么都不是。因此，你如果认为无形式的物质根本不存在也是对的。但是亚里士多德还会说，正因为无形式的物质什么都不是，所以它才有成为一切的可能。也就是说，它有可能成为任何它想成为的东西。

你也许仍然坚持要问，如果无形式的物质不存在或者不可能存在，那么谈论它或者研究它又有什么意义呢？亚里士多德的回答是，如果我们把自己禁锢在只去理解人造产品或者人为破坏，像制作椅子或者损坏椅子这类事儿，那真的没有必要去谈论或者研究它。但是，动物的生死理解起来并不容易。

我们先看看动物的死亡。我们的宠物兔子死了，腐烂、分解，最终消亡。兔子形式的那种物质不再有了，就如同兔子被杀或者被狼吃了一样，现在它有了另一种形式。此时，一种东西的物质（兔子）就变成了另一种东西的物质（狼）。

如果你思考一下这个问题，你就会发现这里发生的变化不同于木板这种物质变成椅子这种物质时的变化。变成椅子后，木板依然是木板，它并没有变成别的物质。这种物质在整个变化过程中始终不变。我们可以把它当作改变的主体。当初还不是椅子的那些木板，现在变成了真正的椅子。

但是狼杀死并吞食兔子所发生的转变中，某种物质并没有始终保持不变。一种东西的物质（具有兔子形式的物质）变成另一种东西的物质（具有狼形式的物质）。这个变化中唯一可识别的主体就是物质，它并不是特定的一种物质，因为往往一种特定的物质在整个变化过程中不会始终保持不变。

现在让我们由死亡转向出生。你的宠物兔子是两性交配后的结果。亚里士多德和你我都一样熟知这个事实。小兔子产生的整个过程就是母兔的卵子遇到公兔的精子成为受精卵的过程。

从受精的那一刻起，一种新的生命有机体就开始成长，尽管它还不是一个独立的生命体，因为它的成长一直是在母兔的子宫中完成的。小兔子的出生只是兔子成长过程中的一个阶段，在它出生前就一直在母体内发育成长，出生后继续成长直至成年。

出生只是一种生命体从另一种生命体分离，比如小兔脱离母兔。那种分离是一种自身运动，小兔子从一个地方移动到另一个地方，即从母体内移到了母体外。

现在，让我们回到小兔子的开始，它形成的那一刻。在这一刻之前，只有母兔的卵子和公兔的精子。卵子和精子实际上都不是小兔，然而这两者结合起来就有成为小兔的可能了。这种可能的实现就发生在受精那一刻，当精子的物质和卵子的物质相遇并结合在一起时。

最初没有结合时的独立的卵子的物质，独立的精子的物质，受精后的兔子的物质，这三者之间的关系，与兔子的物质和兔子被狼吞食后的狼的物质之间的关系，是一样的吗？如果是这样，那么像亚里士多德当初让我们思考无形式物质时，他头脑中所想到的东西，就是生物出现和消亡过程的变化主体。这种变化主体就是我们认为的，在这种特殊变化中存留或持续不变的东西。

这就已经很接近我要解释的为什么亚里士多德认为有必要谈及无形式物质了。你也许会认为他有些极端，其实自然产生同样可以用人工制造的方式来解释。如果你的确是这么认为的，那么我让你再看一个例子。

这个例子是亚里士多德自己想的。他说“自然从无生命体向生命体逐渐前进的方式，使它不可能决定一个严格的界限划分”。他完全能想象地球上从无生命物质中出现第一批生命有机体时，无生命体和生命体之间所穿越的界限是什么。第一批生命有机体出现了，我们能把这个神奇的变化主体的物质看成是某一种物质吗？在第一批生命有机体出现之前和之后，它始终是同一种物质吗？

到目前为止你也许还不想把它叫作无形式物质，但是，另一方面你会发现很难把它当作具有某种形式并保持这种形式的某一种物质。如果你是这样想的，那么你就会理解为什么亚里士多德认为解释自然产生比解释人造产品更困难。同时，你还会理解为什么他认为有必要谈论，同时也有必要让你们思考那些显然不存在的纯物质或者无形式物质。

第八章

创意和专门技术

第一个用木头做成椅子，或者做床或者盖房子的人，一定在他动工之前就已经想好他要做什么了。这个人一定是理解要想把木头变成椅子，这些木头必须要具备的形式。因为在他做这把椅子之前就没有椅子，所以他不可能从以往见过椅子的经历中想到椅子的形式。那么，我们可以这样猜测，他曾经坐在岩石上，知道岩石的形态，由此得到启发。因此，第一把椅子是发明者模仿他在自然界中的发现所造出来的。第一所房子也许也是这样造出来的，发明者曾经在山洞中躲避，因此他根据山洞的形态造出第一所房子。

第一把椅子的制作者是在哪儿，并且是怎么想到要制作一把椅子的呢？这个想法本身还远远不够。我们在前一章已经了解到椅子的形式，就是成为椅子，这是所有椅子的共性，无论椅子的尺寸、形状和结构是什么，成为椅子是它们的共性。如果第一个木匠头脑中所想的就是普通的椅子，那么他就不会生产出一把区别于任何别的椅子、在任何一方面都很特殊的椅子。要把他手头的木头材料转变成椅子的形式，他必须要有生产一把特殊椅子的想法。

创意即我们常说的创造性思想。因为在亚里士多德的字典中，没有一个希腊词等同于“创造性的”这个词，那么我们就要抵制住诱惑，且用“创意”这个词来表达吧。创意是建立在对物质所具有的形式的理解基础上的，同时还有对尺寸、形状和结构这些细节的想象力。如果没有整体的创意，工匠也不会把原材料变成一个独立的作品，一把椅子、一张床、一所房子或者任何自然界中的材料所能制成的东西。

表达创意有两种方法。第一把椅子的制作者和第一所房子的建造者，对于他要创造的东西可能没有一个规划或者设计。脑子里有了这个创意，他就开始行动了。想法的材料化——体现在物质上——就表达了他的创意。如果你在他制作椅子或者盖房子之前问他有什么想法，他可能不见得能告诉你很多，但是一旦他把椅子制作出来或者把房子盖好了，他就会指着椅子或者房子告诉你说，“看，这就是我想的”。

在那以后的人类历史中，各类工匠在制作前都要提前设计规划。在他们通过转变物质使其材料化之前，他们都能把自己的创意表达出来。但是，甚至在人类生产历史的更后来的阶段里，工匠们不总是在开工前把他们的创意用某种方式表现在纸上。有时候他们就让他们的思想引导他们一步步地做下去，直到成品出现并且表达了他们最初的想法。

表达创意的这两种方法的区别使我们关注到制作东西也是可以分成两个阶段的。一个人想到要建一个特殊的房子，于是就开始制订计划来建这所房子，另一个人或者一群人可以执行这个计划。现在我们区别一下建造这个房子的不同的贡献者，我们把其中一个称为建筑师，另一个称为建筑者（或者如果这个建筑者雇用其他人来盖房子，那我们就把他称为承包人）。

首先制订计划的人就是那个有创意的人，而那个执行计划的人必须具有专门技能。在制作过程中，不管是做椅子还是造房子，光有创意是不够的，要想实施计划，就有必要知道如何处理这些原材料，以便能把它们变成椅子或者房子的潜能发挥出来。除非达到了最终的结果，否则创意不会在物质上表现出来，也不会被具体化。

当然同一个人有可能既有创意又具备做椅子或者盖房子的专门技能。我们必须记住的唯一一件事就是，创意和专门技能是制作东西的两个不同因素。那么，工匠的专门技能又包括什么呢？

首先，他必须知道如何选择合适的原材料来制作他想做的东西，不管手头有什么工具，或者就算没有工具，仅凭一双手也能制造出来。例如，他的工具只有锤子和锯，他就不能用铁或者钢来做椅子，或者用石头盖房子。不言而喻，不管用什么工具，工匠们都不可能用空气或者水来做椅子或盖房子。

除了要知道根据自己手头的工具选择合适的原材料之外，工匠还必须要知道如何有效地使用这些工具，才能一步步制作出自己期望的东西。在盖房子时，要先打地基，再搭架子，最后上屋顶。

工匠的思想、双手和工具要合力并行，才能有效地制作出这件东西。他们加工原材料使其所具有的潜能被具体转化成制作者思想中的产品。

这三种因素之中（三者合力才有效），思想是主要因素。制作者的思想产生创意，加上专门技术，才能制作出东西。要是没有这两点，单凭手和工具是什么都制作不出来的。制作者的手和工具仅仅是他的思想用来把创意和专门技术应用于原材料，把它的潜能具体化的手段。

人的思想是人工制作的主要因素，其他一切都是工具性的。

想要制作出东西需要技术，即使是做简单的活儿，比如我们常说的没有什么技术含量的工作，也需要专门技术。从人类从事的最简单的活动到最复杂的活动中，比如从孩子们搭建玩具模型到建桥、修坝、建学校，专业技能的水平就是技术的水平。

在英语中技能（skill）这个词还有一种表达，就是技术（technique）。有人具有制作某种东西的专门技能，我们就说他有这项制作技术。我这么说是因为技术（technique）这个英语单词源于希腊词technikos，亚里士多德用这个词来指代某些人具有的制作东西的能力，这种能力是他自己有而别人没有的。techno的意思是艺术或者技术，它源于希腊词techné。在拉丁语里，它写成ars，在英语中写成art。艺术家就是有制作技术、技巧和专门技能的人。如果这些人除了有专门技能，还能有制作出产品的不可或缺的主要源泉的创意，那么我们就把这些人称为创造性的艺术家。

有时我们也把艺术家的作品叫作“艺术”。但是，由于艺术作品的产生是由具备专业技能的人才把它创作出来，所以从专门技能的角度讲，这种艺术在真正具体体现在一件艺术品上之前，它一定是存在于人的身上。

尽管你可能已经把厨师、裁缝、木匠或者鞋匠当成艺术家或者手工工匠，因为你认为他们有制作这个或者那个的技术或者专门技能，但是你不可能把农民、内科医生或者教师当作艺术家。然而，亚里士多德认为，拥有某种技术或专门技能的人都是艺术家。但是他也指出，这些人的艺术和厨师、木匠和鞋匠的有所不同。

后者会生产东西，例如蛋糕、椅子和鞋子。如果没有人类的创意、专门技能和做工，这些东西永远不会存在，所以这些东西一直是艺术品。自然界不会生产这种东西，尽管没有人类的专门技能和做工，自然的确也生产出了水果和谷物。那么我们为什么把种植苹果或者玉米的农民叫作艺术家呢？他们生产了什么？

从他们自身来看，他们什么都没生产。农民只是帮助大自然来生产苹果和玉米，其实大自然本身也能生产这些作物。农民用技术或者专门技能来配合大自然生产水果和谷物。比起仅靠天吃饭，这样做他们就会有更好的收成。

农民有农业方面的专门技能或技术，他们和大自然协作生产水果、谷物和蔬菜。内科医生有医学方面的专门技能或技术，他们和自然协作保证或者恢复生命有机体的健康。因为健康就像苹果和玉米一样，即使没有内科医生，它也会存在。所以，内科医生也好，农民也好，他们都是合作型的艺术家，而不像鞋匠或者木匠是制作东西的。

教师也是这样。没有教师的帮助，人类也会获取知识，就像没有农民的帮助，苹果和玉米也一样会生长。但是，教师帮助人们获得知识，就和农民帮助苹果和玉米保质保量地生长一样。教书，像种植和治病一样，是合作型的艺术，不是生产型的艺术。

生产型艺术在很多方面表现不同。人类制造出各种各样的产品，从椅子、鞋子和房子到绘画、雕像、诗和歌曲。绘画和雕像就像鞋子和椅子，是因为它们都是制作者通过改变某种材料而制作出来的。还有，像鞋子和椅子一样，绘画和雕像存在于某个地点和某个时间。

但另一方面，一段音乐，一首被反复演唱的歌曲，并不只存在于某个时间或某个地点，在很多地方和很多时间都可以演唱。另外，唱歌和奏乐都需要花时间，就如同背诗和讲故事要花时间一样。歌曲和故事在时间顺序上都有开始阶段、中间过程和结束部分，而这一点不适用于雕像和绘画。

歌曲或者故事和雕像或者绘画还有进一步的区别。故事可以用文字记录下来，歌曲可以用音符记录下来，话语中的文字和音乐中的音符是它们具有可读性的象征。只要认字或者识谱的人就会记住他们听到的故事，就能唱歌或者能听音乐。但是，绘画和雕像就必须要直接看才行。要欣赏画家或者雕塑家的作品，你必须亲自去欣赏他们的作品。

尽管绘画或雕塑和鞋子或椅子一样是物质产品，但是它又像故事或者歌曲一样具有欣赏性，又不像鞋子或椅子一样具有实用性。当然，我们也可以把一幅绘画作品贴在墙上挡住某个地方，就如同我们可以不去坐在椅子上而只是看它、欣赏它一样。

然而，使用和欣赏是人们接触艺术品的不同方式。人们使用艺术品是要服务某种目的，人们通过看、听或者读等这种或那种方式来欣赏艺术品，是为了从中获取愉悦和满足。

人们欣赏艺术品时会获得愉悦感，因为人们认为所欣赏的东西是美的。这还不是全部。人们也可以把制造精良的椅子、桌子或者房子称为美的。不管是一把椅子或是一件雕像，做工优良是人工制品被称为美的一个因素。人们注视它所得到的愉悦是另一个因素。

亚里士多德说这两个因素是紧密相连的，这种说法很有道理。看到雕像或房子所感到的快乐，或者听故事和听歌感到的愉悦，从某种程度上都和做工优良有关。一件雕工拙劣的雕像、一所粗制滥造的房子或者一个枯燥无味的故事，都不会给我们带来愉悦感。

我们都知道一个技艺高超的裁缝做出的衣服，或者一个功夫纯熟的大厨做出的高汤和一个几乎没有什么技术的人做出的衬衫或者汤之间的天壤之别。做工精良的衬衫或者美味可口的高汤让我们感到愉悦——比那些粗制滥造的东西更让我们感到快乐。

另外，那些有厨艺或者有裁剪技术的人可以用他们的专门技能去判断一件衬衫或者一碗汤做得好不好。我们通常希望那些技艺高超的厨师或者裁缝在判断上会达成一致。如果一个大厨认为一碗汤做得很好，而另一个具有同样技术的大厨认为这汤做得很糟，我们通常会感到诧异。

但是，如果我们发现有两个人同时看一幅已经有两位艺术大师都鉴定为佳作的绘画作品时，一个人喜欢它，另一个人不喜欢它，往往这时我们并不吃惊。我们并不指望人们会欣赏同样的东西，或者在同一程度上去欣赏。能给一个人带来快乐的不见得给另一个人也带来快乐。

就如同一个人会比另一个人拥有更多的技术或者专门技能一

样，一个人会比另一个人更有品位，去问一个有技术的人一件艺术品做得好不好，远比去问一个这件东西是如何制作出来的人同一个问题更明智。同理，去问一个品味更高的人一件艺术品的欣赏性肯定是更明智的。我们希望品味更高的人会喜欢更好的艺术品——不仅做工精良，而且令人赏心悦目的艺术品。

到目前，还有一个问题没有得出一个令人满意的答案，那就是对于一件艺术品的美，是否我们都要认同，或者是否我们该认同。说“是”的有他们的理由，说“不是”的也有他们的理由。如果一件艺术品的美只在于它的做工，那么这个问题就好回答了。我们让有专门技能的人制造出这类大家都认同的要么做工精良，要么做工粗糙的艺术品就行了。

那么这项重要的专门技能从何而来呢？这个技术人员是如何获得它的呢？

有两个答案。在人类生产的初级阶段，人们所需要的专门技能是基于对自然了解的常识，了解那些自然提供给人类制造者使用的原材料，了解人们能使用的工具。

在后来的阶段里，尤其是到了现代，所需要的专门技能是基于对自然了解的科学知识，主要由科学知识所带来的技术构成。对比常识性的专门技能，“技术”是科学性的专门技能的另一种表达。

亚里士多德的不同寻常的常识会给我们任何有用的专门技能

吗？哲学思想，在前面的章节中我们一直提到的自然过程，会帮助我们生产东西吗？

不，在这方面它不会帮到我们。科学知识可以被应用并有产出。科学知识通过技术给我们生产东西的能力。但是哲学反思或者理解只会增强我们对物质世界的了解，它们既不会给予我们生产东西的技术也不会给我们生产东西的能力。

比如，要记住我们上一章节所说的，为什么橡子会长成橡树，为什么玉米粒会长成玉米？亚里士多德对此的理解不会使我们以任何方式改变自然过程。但是我们所掌握的DNA和遗传密码的科学知识，确实可以帮助我们通过分裂基因而改变其发展模式。

那么与科学相比，哲学就一点儿用都没有吗？如果我们把自己限定在运用知识和理解知识来进行生产的话，答案就是，对，哲学是无用的。哲学不会烤蛋糕，哲学也不能造桥。

但是，还有一种对知识的运用和理解不是为了把它们运用到生产当中，而是为了指导我们的生活，帮助管理我们的社会，使得我们的生活和社会变得更美好，而不是更糟糕。这是对知识和理解的实用性应用，而不是生产性应用，这种应用是为了使用，而不是为了生产。

从人类生活的这个维度看，哲学就变得非常有用，比科学更有用。

第三部分

人是行动者

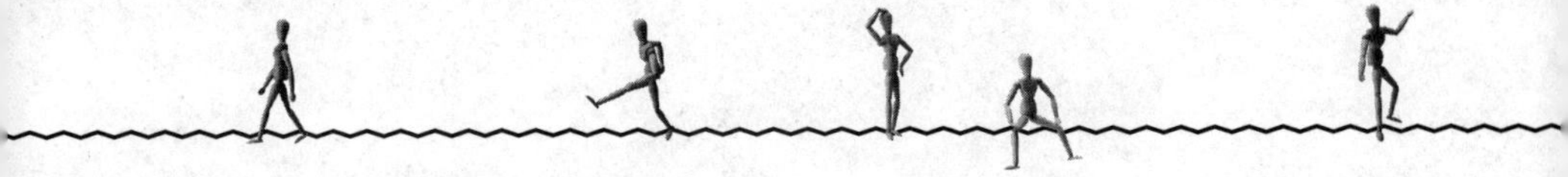

第九章

对结果与手段的思考

我没有汽车，但是想买一辆。而我想买的汽车价格超出了我的经济能力范围，于是我有必要想办法弄到买车的钱。有很多种不违法而能得到钱的方法。比如，我可以不买别的东西把钱攒下来；我可以多赚钱；我可以去借钱。

在这个例子中，还有很多种得到钱的其他方法，而买到汽车是最终目的。得到买车的钱是实现这个目的的手段，同时，如我们所知，得到钱的办法多种多样，所以，得到钱本身也是一种目的。

那我该如何选择呢？某种方法似乎比别的更容易得到钱，一种方法似乎比别的方法能更快地达到目的。总之，每种手段都能达到目的，一个人通常会选择那种更容易、更快、更可能成功的手段。

我们这么做是有目的的。我们的行动是有目的的，意思是说，我们采取行动是为了实现心中的目标。

有时候我们的行动没有目的，就像一个飘在水上无人掌舵的小船。这种时候，我们的思想一片空白，不会引导我们去这个方向或那个方向。无目的的行动不需要我们进行思考。

然而，大部分情况下我们都是带着目的去行动的，事先没想好不会做出行动。我们必须先想好我们的目标，想好要实现这个目的可采取的各种手段，想好选择哪个手段更好，为什么它比别的手段更好。如果我们选择要使用的那种特殊手段必须要先做一件别的事情才能得到，那么这种手段本身是一种目的，我们必须先想好实现它的各种手段。

对这些的思考是一种实践性思维。想好目的和手段，想好你希望实现的目标，想好你怎么做才能达到目标。这种思维对于有目的地采取行动十分必要。

我们已经知道生产性思维是思考要制作的东西。相比而言，实践性思维是思考要采取什么行动。为了制作东西而进行的思考，你必须有创意和专门技能。必须通过行动达到某种目的而进行的思考，你要有设定的目标和为了实现目标的途径。而且你还必须想好为什么一个途径要优于其他的途径。

生产性思维是为了制作某种东西而进行的思考，并不是真正要把东西生产出来。这种思考会引发真正的生产发生，但是生产真正的发生一定是在生产者开始加工原材料，把原材料按照他的创意进行具体转变之后才实现的。

所以，同样道理，实践性思维，是为了达到某种目的或者实现某种目标，有目的地采取必要的行动而进行的思考，它也不是真正的行动，只有实践性思考被真正付诸实践，行动才真正展开。然而，当真正的生产已经展开了，生产性思维还在继续。在采取有目的的行动的过程中，实践性思维也许还在继续。只有当制作过程和行动过程真正开始，生产性思维和实践性思维才算有了结果。

亚里士多德告诉我们，除了漫无目的的这种特例外，人类做事总是有目的性的。为了有目的地展开行动而进行的思考，始于思考如何达到他们的目的，但是，当他们为了实现目的开始采取行动的时候，他们必须开始考虑实现目的的手段。人们做事之前会先想一下目的，但是为了实现目的就会先想一下手段。

我们说，人们总是或者通常是有目的地采取行动。亚里士多德也说人们之所以行动是因为想获得某种好处。他把做事的目的视为渴望得到的益处。

以他的观点来看，如果说我们做事的目的是因为它会对我们不利，这就是无稽之谈。如果那样，就相当于说我们要做我们根本不想做的事情。我们认为对我们不利的事就是我们尽量要避免的事，就不是我们想要得到的事，这是众所周知的常识。

我们想要达到目的而采取的手段又如何呢？要达到目的就是要寻求我们期待的好处。我们为了达到目的使用的手段就是我们渴望得到的好处吗？是，也不是。手段好并不是因为我们渴望它们，而是因为我们渴望得到和它们相关的东西。

由于手段有助于我们实现目标，我们就必须认可手段总是好的吗？当然，只有当手段确实帮助我们实现目标时它们才是好的。但是，如果它们还造成其他的后果，那么除了达到目的以外，它们还有不受欢迎的理由。

还是上面提到的那个买车的例子。我可以通过偷盗来获得我想买车需要的钱，但是偷盗会惹上我不想要的很严重的麻烦。我们所寻求的达到目的的手段，一方面好在它们能让我们实现目的，另一方面又不会让我们遭遇我们不想得到的结果，比如入狱。

总结一下：手段也许会成为我们要通过其他手段而去实现的目标，目标也许会成为实现其他目标的手段。这两种结论引发出亚里士多德认为我们不可避免的两个问题。一个问题是：所有的手段都仅仅是手段，不是目标吗？另一个问题是：有什么目标只是目标而不是手段吗？有，就是亚里士多德称之为的终极目标或最终目标，因为除了自己，它们不是任何目标的实现手段。

第一个问题也可以这样问：是否有这样的东西，我们渴望得到它，不是因为它本身的原因，而是另有原因？第二个问题我们也可以这样问，是否有什么东西我们渴望得到它，就是因为它本身的原因，不为别的。

亚里士多德认为有纯粹的手段，有既是手段又是目的的目的，也有一些目的是我们追求的唯一目标，而并不想通过它们得到其他别的好处。他这么想的理由如下：

如果我们只想得到它本身，而不为别的，那么我们的实践性思维就永远不会开始，因为我们已经知道实践性思维始于思考要实现的目标。如果我们想到的所有目标都是下一个目标的实现手段，如果下一个目标仍然是再下一个目标的手段，如此循环下去，没有尽头，实践性思维就永远不可能开始。

我们知道当实践性思维落实到实践中时，我们必须开始思考实现目的的手段。如果这个手段本身就是需要我们找到其他手段才能实现的一个目的，那么我们就不能开始我们的行动，那个曾经有目的的行动。要想开始行动，必须先开始想好手段，而且这个手段仅仅是个手段，而不是还需要我们找到其他手段要去实现的一个目的。

到目前为止，我还只是告诉大家，为什么必须要有本身不是手段的目的，及为什么必须要有本身不是目的的手段。如果大家听到我这样说之后，努力回忆自己怎么会没有去想最终目的是什么就会有实践性思维，这种反应不会让我感到吃惊。如果实践性思维不是始于一种目的，而这种目的本身又是实现其他目的的手段，或者如果你不知道你所寻求的目的就是你最终的目的，你没有其他别的目的，那么你怎么开始实践性思维呢？你这一生毫无疑问地已经进行过很多次实践性思维，那么亚里士多德所说的，人只有头脑中有了一个最终目的时才会有实践性思维这种说法一定是错的。

好像的确是这样。两种方法可以在你头脑中形成一个终极目标，而这两种方法之间的区别会为解决这个问题敞开一扇大门。为了能理解这种区别，让我们先看看我们在学校时学的几何，也是亚里士多德所熟悉的几何学。

几何学的第一原理就是你开始学几何的起点，目的是为了演示如何证明几何命题。欧几里得的几何学里，第一原理包括定义、公理和假定。关于定义需要掌握点、线、直线、三角等。关于公理需要掌握“整体大于任何部分”和“与同一个图形全等的图形也互相全等”等。另外，还要假定，欧几里得提出的假设是为了证明需要证明的命题。

公理和假定的区别在于公理是不能被否定的，你不能不认同它们。比如，你能想出有部分大于它所属的整体的情况吗？但是如果欧几里得让你假设你可以在任何两点之间画一条直线，你也许会愿意做出这个假设，当然，你也不必非得这样去假设。假定不是强制的，它不同于涉及整体和部分关系的公理。

公理和假定是几何思维起步的两个不同方面。实践性思维的起步也有不同的方面。正如要用欧几里得的几何证明就要首先假设欧几里得让你去认可的是对的。所以，在你自己的实践性思维中，你也可以假定某一目标或者目的是最终的，不去问其他的问题了，即使可以问问题也不问。

换句话说，我们大多数人的实践性思维不是说头脑中已经确定想好了最终的目的才有的，而是先假设我们有这么一个目标，这个目标至少现在是这样的，就好像这个目标不需要再被质疑。

想一下我们一直在举的那个例子。我们把开车上学或者上班作为目标，要达到这个目标，首先要有车，要有能力买车，有需要买车的钱等，这些都是手段。当然，你会意识到有人会问你为什么你想开车上学或者上班，你的回答会导致另一个为什么，直到你的回答不会再被问为什么。

如果你能回答出最后一个为什么，那个答案就是你要的最终目标，对于这个目标来说，其他的都是手段。但是为了有实践性思维或者有目的地行动，你不必非得先有这么一个目标，你可以先暂时假设一个目标，把它当成当时的最终目标，是唯一你想达到的目标。

为了完成这个目标你开始进行一些必要的行动时，你可以问自己为什么想要实现这个目标，但是为了想出实现目标的手段，或者为了做必须做的事来采取手段以实现目的，你不必问那个问题。这个问题可以先放一放不谈，是目前先不谈，不是永远不谈，至少如果你想过一种有计划、有目标的生活，暂时先别谈那个问题为好。

第十章

活着与活好

我们越年轻，就做过越多没有目的的事。即使不是没有目的的，至少也没有认真去做。没有目的去做和不认真做是有区别的。我们的没有目的的行动是我们没有考虑结果，没有目标。但是我们不认真地做，我们也是有目的的，那就是开心，我们从游戏中得到的快乐，或者无论我们玩什么而得到的快乐。我们从活动本身得到的快乐就是我们的目标，我们没有更高的目标，这个目标就足够了。

相对于那些不太认真的活动，认真的活动往往都有更高的目标。我们参加一项活动是为了实现某个目标，为了这个目标，我们这么做和那么做都是手段。有更高的目标和没有更高的目标是工作和娱乐的区别所在，对于这一点，我后面还要进一步说明。我们都承认工作是一件需要认真完成的事，它很少像娱乐活动那样让人愉悦。

我们越年轻，就越不可能很好地计划我们的生活。我们年轻时，制定的目标有可能都是随性的，比如今天、明天甚至是下周要做的事，要买的东西，让自己开心的事等。这样的目标显然不是对人生一个整体的计划。人年轻时很难去计划好一辈子的生活。

随着年龄的增长，我们变得越来越有目的性。我们也变得更认真，不那么嬉戏了。基本上都是这样，但是不是每个人都这样，也有特例。有些上岁数的人活着就是为了娱乐和享受，我们这么说他们，不是在表扬他们。相反，我们是在批评他们花太多的时间和精力用在娱乐上，而花在正经事上的太少了。我们说这样生活的成年人实际上不成熟，太幼稚。孩子们花大量的时间玩是可以的，但是成熟的人，无论男人还是女人，都不能这样生活。

随着我们长大，变得更有目的，不再那么嬉戏，变得更认真，我们把我们所有的目标放到一起，就成为我们整个人生的一个连贯而清晰的规划。如果我们还没有这么做，我们就应该这么做，这是亚里士多德告诉我们的。为了尽可能好地生活，我们应该尽力去做好人生的规划。

苏格拉底是柏拉图的老师，而柏拉图是亚里士多德的老师。苏格拉底曾经说过，没有经过审视的人生不值得过。亚里士多德又进一步说，没有计划的人生不值得审视，因为没有计划的人生中我们不知道我们要做什么，为什么这么做，我们也不知道我们要去哪儿，怎么到那儿。这样的人生一团乱麻，一塌糊涂，当然就不值得去仔细审视了。

没有计划的人生除了不值得审视外，也不值得过，因为这样的人生不可能过好。计划你的人生就是要思考它，也就是说，思考要实现的目标，思考实现目标的手段。没有思考的人生就像没有目标的行动，你什么地方都到不了。

但是亚里士多德认为，为了更好地生活而必须制订人生规划还是远远不够的，还必须制订合适的计划。一个计划不见得和另一个计划一样好。有许多错误的计划，而对的计划只有一个。亚里士多德认为，如果你采用了一个错误的计划，你这一辈子都不会过好。要想过好，你一定要制订一个正确的计划并将其付诸实施。

什么是正确的计划呢？亚里士多德可以很容易地劝我们为了生活地有意义而且有目的，我们要制订人生计划，这是常识。但是他劝我们应该采取那个唯一正确的计划，这个就不容易了。如果他能成功地让我们做到这点，这就能再一次证明他的不同寻常的常识。

是什么有可能导致人生的计划只有一个是正确的，而其他所有计划都是错误的呢？对于这个问题，亚里士多德认为只有唯一的一个答案。正确的计划一定是有一个正确的终极目标，一个所有人都应该瞄准的目标。这个也许就是问题的答案，但是新的问题又出现了，什么是正确的终极目标——什么是所有人都应该瞄准的目标？你马上就会看到如果有这样一个正确的终极目标，我们所有人都应该瞄准它。就如同部分大于整体是不可能的一样，我们发现一个错误的目标是我们所有人共同的目标这种想法也是不可能的。如果一个目标是错的，我们就不应该去实现它，只有目标正确了，我们才会去努力实现它。

也许你会说，确实是这样，但是还是没有回答那个重要的问题。什么是正确的终极目标呢？什么是我们所有人都应该追求的目标呢？

你也许认为这是一个很难回答的问题，但是亚里士多德不这么认为。也许我应该说，对于这个问题，他给出一个答案对他来说是十分容易的。但是，这不是一个完整的答案，完整的答案更难表达，更难掌握。虽然这个答案不是一个完整的答案，但是它是比较容易理解的，那我们就从这个比较容易的答案说起吧。

我们都应该追求的正确的目标就是美好的生活。对于这点，亚里士多德的理由很简单，我认为也很让人信服，下面我把它归纳一下。

为了生活，我们要做一些事情，比如，我们要吸收营养，照顾好自己的身体，让身体保持健康，要做到这些，我们大多数人就必须努力工作赚钱买吃的、穿的和住的。

要想生活好，这些还不够，我们还要做其他一些事情。我们要努力接受教育，因为我们知道仅仅拥有维持生活的知识还不够，懂得更多的知识还可以丰富我们的生活。为了维持生活，我们不需要某些娱乐，但是，有了这些娱乐活动，我们的生活就会更丰富、更美好。

不管是活着还是活好都是我们的目标，都需要我们找到手段去实现。但是活着，或者维持生活本身就是活好的手段。要是不活着就不可能活好，只要有可能就是这样，或者至少只要人们愿意这样做就是这样。

我刚才说过，活着是活好的一个手段。但是活好又是什么的手段呢？亚里士多德告诉我们，对于这个问题还没有答案，因为活好本身就是一个目标，因为它本身就是我们追求的目标，并没有一个别的目标或者一个更高的目标了。

我们能想到的别的，我们称之为好的或者期待的别的东西都是活着或者活好的手段。我们可以把活着作为活好的一个手段，但是我们不能把活好当作别的目标的手段。

亚里士多德认为这一点是显而易见的。他还认为我们的经历已经说明，事实上我们所有人都认可这种说法。

他所使用的活好（或者一种美好的生活）这个词通常翻译成

英语就是“幸福”（happiness）这个词。亚里士多德说幸福是每个人都追求的。如果你问任何一个人他是否想幸福，没有一个人会说，“不，我只想要不幸”。

除此之外，如果你问任何一个人他是否想幸福，没有一个人会解释他为什么想要幸福。想要幸福的唯一原因一定就是更高的目标，幸福是实现这一目标的手段。但是没有一个更高的目标存在了，没有什么是高于幸福，或者超越美好生活的，也就是没有什么能使幸福成为手段。

我曾经把“幸福”和“活好”或者“美好生活”这几个词交替使用。我们这里指的幸福不像这个词其他的意思那么简单和明了，因此，我尽量避免使用“幸福”（happiness）这个词的其他的意思，但是我不能不用“快乐”（happy）这个词来表达许多不同的意思，这些意思在诸多方面都和幸福紧密相连。

我们彼此都会问对方“你有一个快乐的童年吗”，我们还会问“你现在感到快乐吗”。我们会对彼此说“假期快乐”或者“新年快乐”。此时，我们使用“快乐”这个词，是在谈论我们得到渴望的东西后所感到的愉悦或者满足。

感到满足的人们之所以会快乐，是因为他们得到了他们想要的东西。快乐的时刻就是一个人感到愉悦而不是感到痛苦的时刻，是感到满足而不是感到不满的时刻。正因为这样，我们才可能今天是快乐的，而明天可能就不开心了。很可能在某一时间我们是快乐的，而在另一个时刻我们就不快乐了。

不同的人有不同的需求。他们的愿望都不一样。一个人所渴望的，可能正是另一个人避之不及的。所以，可以这样说，有些人认为是好的东西对别人来说可能是坏的东西。

我们的愿望不同，我们所认定的好的东西也不同。让一个人感到快乐的，也许恰恰让另一个人感到痛苦。

既然不同的人会因为做不同的事或者因为得到想得到的不同东西而感到快乐，那么怎么能说幸福（活好或者过幸福的生活），就是那个所有人都应该追求的正确目标呢？

亚里士多德可以让我们所有人相信我们都要幸福。他也可以让我们相信我们要的就是幸福，不是别的。但是他怎么能让我们相信我们都想要的幸福是完全一样的呢？

在寻求幸福的路上，人们好像寻求的东西都不一样。这是大家共同经历的事，亚里士多德也毫不犹豫地承认这一点。

像我们一样，亚里士多德从共同的体验中得出以下结论：有些人认为获得幸福就是积累巨大的财富；而对另外一些人而言，幸福就是有权力、有名声或者开心。

就像感到快乐一样，如果幸福源于得到想得到的东西，而且如果不同的人想得到不同的东西，那么幸福对不同的人来说就一定是不同的。

如果那样的话，要活好怎么可能就只有一个正确的计划呢？怎么可能只有一个大家共同追求的终极目标呢？幸福或者活好也许是我们所有人共同追求的终极目标，但是对于我们所有人来说，这不是同一个目标。

请记住我在这一章比较靠前的部分所说到的，要回答什么是我们所有人都应该追求的那个正确的终极目标，这是一个比较容易的，却是不完整的答案。这个容易却不完整的答案就是：一生幸福、活好，过美好生活。要想得到那个完整的答案，我们就必须要看亚里士多德能否向我们展示为什么对于我们所有人来说，活好、有美好生活或者幸福都是一回事儿。

第十一章

好，更好，最好

我们从普遍经历中知道人的愿望是不同的。我们还知道在我们的日常会话中，我们会用“好”（good）这个词表示我们渴望得到的东西。

如果我们更渴望得到另一件东西，那我们就认为它更好。在众多我们渴望得到的东西中，我们最想要的那个就是我们眼中最好的那个。

对这些事实的仔细思索，不管它是普遍经历还是日常会话，亚里士多德得出这样一个常识性的结论，那就是这两个概念：好的和想要的。它们不可分割，紧密相连。就如同欧几里得的“部分小于整体”和“整体大于部分”的公理一样，“好的就是想要的”“想要的就是好的”。

现在我得提醒你一下，在前一章的最后我们还有一个没有解决的问题。我们知道，人们愿望的不同使得亚里士多德很难让我们相信在追求活好、过美好生活或者在追求幸福的路上，人们的既定目标都是完全一样的。一个人认为会获得的幸福和另一个人认为的美好生活可能会不一样。要是那样的话，亚里士多德怎么能坚持他的观点，说活好或者获得幸福只有一个正确的计划呢？

除非他能帮助我们理解人类的愿望不全是相同的类型，而且一种愿望是真的，另一种也许就不是真的，这样的话，他才可以那么说。

我们目前一直在考虑的那些愿望都是个人的愿望，是个人生活和经历中得到的愿望。因为人和人不仅脾气秉性不同，他们的生活和经历也不同，所以他们的个人愿望也不同。

每一个人都是独一无二的个体，有着各自独特的生活方式和特有的经历，而所有人，作为人类这个物种的成员，共同的特点就是人性。

五花八门的个体差异掩盖了所有人身上的共同特征或属性，那就是他们都是人。

在极大程度上，这些不同只是程度上的不同。所有人都有眼睛，有耳朵，能看能听，但是一个人的视力或者听力可能会比另一个人更好。所有人都有理性思维能力，但是这种普遍的能力在一个人身上可能比另一个人身上体现得更明显。所有人都需要食物维持生命、获得能量，但是一个人可能比另一个人个头大，所以他需要更多的营养补充。

最后一个例子是掩盖在个体差异之下的一个普遍特征，它引发了另一种渴望，这种渴望是自然的，不是后天获得的，对所有人来说它都是一样的，除了在程度上有所不同外，不存在个体差异。当我们说我们需要食物时，我们是说我们渴望得到食物。这和我们说我们想要一辆新汽车一样，我们是想得到它。这两个词，“需要”和“想要”，都有渴望的意思，但是它们属于不同类型的渴望。

需要是天生的、内在的渴望，这种渴望是与生俱来的，因为我们有某种自然能力或者倾向，又因为我们都具有共同的人类特征，所以这种能力和倾向在我们当中是普遍存在的。我们都有一种需要营养的生物能力，所有植物和动物都有这种能力，而石头没有这种能力。这就是为什么所有的生物都需要食物的原因。没有食物，生物就会死去。保证这种能力的存在是维持生命的必需。

人们对于食物的渴望不是在人生道路上或者他们独特的经历中所获得的。不管他知不知道，他都需要食物。当他饿的时候，他需要食物，甚至当他不觉得他需要食物的时候他也需要。饥饿只是感受到一种永远存在而且存在于每个人身上的自然需求的反应。

出生在亚洲、非洲、欧洲和北美洲的人对饮食都有同样的需求。在某种情况下，所有人都有过饥饿和干渴的经历。但是出生和成长在不同环境里的人，会对不同饮食产生渴望。当他们感到饥饿或者口渴时（这是他们都知道的自然需求），他们会想吃不同的东西，喝不同的东西来满足他们的需求。

他们不是需要各种不同的吃的、喝的。他们是想要吃的喝的。如果没有他们想要的吃喝，他们的需求会被他们不想要的吃喝所满足，不想要的原因就是他们对这种吃喝没有什么愿望。

我们一直在讨论的是一种生物需求，这种需求不仅是人类的需求，还是所有生物的需求。现在我们来考虑一种特殊的人类需求，这种需求只是人类的需求，因为它是来自人类特性的一种能力。

在本书比较靠前的部分，我提到人类不同于其他动物是因为人类有提出问题的能力，提问是为了获取关于他们自己或者生活的这个世界的知识。意识到这个事实，亚里士多德在一本他最重要的书里用这样一句开篇："人类天生渴望知识。"换句话说，亚里士多德认为，人类对知识的渴望和他们对食物的渴望一样，都是一种与生俱来的需求。

然而，对知识的渴望和对食物的渴望之间存在有趣的差异。当人们因为被剥夺了食物而感到饥饿的剧痛时，大多数人会意识到那是因为没有了食物。但是，当人们被剥夺知识时，事情就变得不同了，他们往往不能意识到是因为没有知识了。所以很不幸，我们几乎感受不到像饥饿带来的那种剧痛一样的无知带来的剧痛。

所有想得到的愿望在我们拥有时我们是会意识到的。并不是所有的自然需求都是这样的。有些需求，比如对饮食的需求，当我们需要却又被剥夺时，我们是会意识到的。但是其他的自然需求，比如对知识的需求，当我们需要却被剥夺时，我们也许会意识到，也许不会意识到。

我们没有意识到这种自然需求的事实，不应该让我们错误地认为我们不知道的这种需求就不存在。不管我们知不知道，这种需求都在那儿呢。

关于自然需求的例子我举了不少，主要是为了把它们和后天形成的想法做对比，同时也是为了阐释亚里士多德关于这两种渴望的区别。这里没有必要详尽地列举出人类共有的所有自然需求，因为他们共有的所有潜能、能力和倾向都固定在他们特有的人性中。我现在感兴趣的是如何展示亚里士多德对这两种渴望的区别，以帮助他让我们大家相信要想活好就要有一个所有人都应该采纳的正确的计划。

要理解这点，我们必须认同我认为大多数人都应该认可的这个观点，即我们经常想要我们不需要的东西。我们甚至还错误地说我们需要它，实际上我们就是想要它。没人需要鱼子酱，但是许多尝过它味道的人都想要它，甚至会说需要它。

对于你想要的东西，这不是你犯的唯一的错误。你可能还想要那种对你不好的东西。有人想要毒品或者类似的有害身体的东西。他们对这些东西有一种强烈的愿望。他们是如此强烈地想得到它们，以至于完全不顾这些东西会给他们带来的伤害。他们想要的是对他们有害的东西。但是因为他们想要，在他们寻求满足欲望的时候，这个东西似乎对他们是好的。

如果不是看上去对他们是好的，那么说这个欲望是好的就不对了。当欲望对他们真的不好的时候，绝不会看上去对他们是好的。他们的欲望或者想法是错的，这就是为什么看上去对他们好实际上对他们不好的原因。

对比这些你想要的东西，当你想要的时候它们看上去挺好，结果却适得其反，那些你真正需要的东西对你永远都是好的。因为它们永远对你都是好的，所以不会是这会儿是好的，过会儿又不好了。

如果你认为当你想要什么的时候就是你需要什么的时候，那你就错了，比如鱼子酱。但是你的需求永远不会错，也不会被误导，而你想要的也许会，而且往往会错，或者被误导。你不会有错误的需求，因为你渴望得到它，你所需要的都是对你好的，而不是在某个时候只是看上去对你挺好。

我们现在明白了亚里士多德解释的天生需求和后天需求（或者是需要和想要）的区别，这个区别和他说的另一种区别，即真正的好和表面上的好的区别紧密相关。真正对你好的能满足你的自然需求。表面上对你好的也许不是真的对你好，它们只能满足你后天的需求。

要说明这一点还可以说，表面上好的东西我们之所以说它好，是因为我们当时确实特别渴望得到它们，也就是我们特别想要它们。正因为我们特别想要，它们表面上是对我们好的，所以我们说它们是好的。相对而言，不管我们知不知道这种需要，真正对我们好的是我们需要的东西，它们的好在于它们满足了我们人性内在固有的愿望。

这一点，我们还可以用别的方式解释。这个方法很值得考虑，是因为它可以提高我们对亚里士多德观点的理解。好的就是想要的，想要的就是好的。但是想要一个东西会有两种不同的“想要的”意义，就像好也会有两种“好的”意义一样。我们可以说想要一件东西，因为在某一时刻我们确实想得到它。或者我们想要一件东西，因为在某个时刻，不管我们是否真正需要它，我们都应该想要它。

在某种意义上想要，在另一种意义上也许就不想要。我们实际上也许想要我们不应该想要的，或者实际上我们并没有想要我们应该想要的。真正对我们好的永远是我们应该想要的，因为我们需要它，而且我们不可能有错误的需求。但是那些仅仅是看上去对我们好的，我们想得到它也许是错误的。它不应该是我们想要的，尽管我们有时候想要它，但它最终会变成对我们不好的，就因为我们想要它，它才显得对我们是好的。

依据亚里士多德的观点，那个获得幸福或者过美好生活的正确计划就是追求或者得到真正对我们好的并值得拥有的计划。我们需要这些不仅是为了生活，而且是为了更好地生活。在我们的人生中，如果我们追求应该拥有的真正的好东西，就得依据我们应该采取的那个正确的计划去追求幸福。

因为基于人类共同能力和倾向的自然需求对所有人都是同样的，所以真正对一个人好的东西对另一个人也是好的。这就解释了为什么人类幸福对所有人都是一样的：拥有所有的对一个人真正好的东西，这不是一时能够积累起来的，而是要用一生去积累的。这就解释了为什么为了活好而制订的那个正确的计划对所有人来说都是一样的。

没有一个人的人生会被剥夺所有真正对他好的东西。因为从生物层面上讲，完全剥夺了基本需求，就意味着一个人不能活得很长。为了保证生命有机体活着，人们对于衣食住行和睡眠这些基本的生物需求必须得到满足，至少满足一个最低要求。但是当那些需求只在最低程度上得到满足，然后就没有更多的保证时，那么仅仅是活着，或是最低限度的生活，就成为活好的可怜手段。

不仅这些基本的生物需求必须得到满足，即应该在最低限度以上满足人们维持生活的要求，而且除此之外，为了更有利于实现所有人类的能力和倾向，还有一些其他的需要也必须得到满足。如果幸福就是这种完全的满足，那么一个人就会更努力地去实现它，这样他就会比别人更有可能满足，更有可能拥有真正对他好的东西。

为了活好而制订的那个计划之所以优于别的计划，在一定程度上是因为它能引导人们更完整地实现自我潜能，更完备地满足个人需求。

这是一个最好的计划，这是每个人都应该采用的计划，这个计划旨在按照正确的顺序，用正确的方法得到所有好的东西。另外，它还让我们追求我们想要却不需要的东西，前提是得到它们并不影响我们需求的满足和能力的实现。

并不是所有明显的好的东西，即那些我们想要但是不需要的东西，最终都会变成对我们坏的东西。有些东西本身没什么坏处；从某种意义上说，有些东西妨碍或阻挠我们努力去得到需要的、真正好的东西，这些东西也不是不好。一个人追求幸福和另一个人追求幸福是不一样的，即使这两个人都遵循那个活好的正确计划。

当这种不同出现了，它的原因就是每个个体除了他需要的东西外，他还有想要的东西。尽管真正对一个人好的东西是大家都一样的，但是看上去对一个人好的东西，和看上去对另一个人好的东西很可能是不同的。每个人自己想要的很明显对他来说是好的，既不会伤害他，也不会妨碍他去追求幸福。

现在你应该已经掌握了一些亚里士多德关于幸福和如何追求幸福的观点。你明白了为什么他认为全人类的目标都是一样的，为什么我们应该制订一个合理的计划去努力实现我们的目标。当然，还有一些别的问题尚未解决。

为了让自己活好或者过上美好生活，一个人应该追求的真正好的东西又是什么呢？我们提到了一些，但还不是全部。那些真正好的东西能完全列举出来吗？

如果能完全列举出来，那么又出现新的问题了，也是最重要的问题：我们怎么才能努力拥有我们自然需要的所有东西，生活中我们应该有的所有真正对我们好的东西？要实现我们心中的最终目标，哪些手段是不可或缺的？

只有把这些问题都回答了，我们才能完全掌握我们的人生计划，并按照这个计划去获得我们的幸福。

第十二章

如何追求幸福

当托马斯·杰斐逊起草《独立宣言》的时候，他理解亚里士多德关于幸福的观点吗？他知道怎么追求幸福吗？

《独立宣言》说，所有人生而平等，生命权、自由权和追求幸福的权利不可剥夺。我们看到，活着本身就是活好的一种手段。自由也是这样。

如果我们对于想要的或需要的都没有自由选择的权利，如果我们不能自由地进行选择——这种自由是不受强迫或者阻碍的——那么我们就不能追求幸福。如果一切都给我们做好了决定，如果我们的生活模式被强加给我们，就没有任何意义去谈论如何计划我们的人生，如何开展计划来更好地生活。

为了活好，我们首先需要活着。要努力活好，这是一种有计划的努力，同时我们还需要自由。因为要追求幸福，我们需要这些，所以我们有权利拥有它们。但是，我们需要追求幸福吗？

我们需要活好吗？如果不需要，那么像杰斐逊说的，所有人都有权利追求幸福，这种权利是人性中固有的，这么说的基础是什么呢？

这个问题的答案就在我们前几章提到的一些要点里。我们都明白，我们一生所追求的最终目标就是活好，或者过得幸福。我们追求的就是幸福，而不是任何超越它的东西。我们还明白，事实上我们确实渴望得到某些东西，而我们这么做的时候，这些东西看上去对我们就是好的。还有一些别的东西是我们应该渴望得到的，因为它们对我们来说是真正好的，不管当时它们看起来是不是这样。

现在看，如果整个的美好生活包括所有真正对我们好的东西，那么我们应该渴望生活得很美好，获得幸福，有美好的生活。既然对我们真正好的任何东西都是我们应该渴望的东西，那么真正好的所有东西都应该是我们渴望的东西。

“应该”这个词所表达的概念是责任或者义务。我们有责任或者义务去做我们应该做的事。说我们应该把幸福生活作为人生的最终目标去追求就是说，我们有责任或义务为了活好或者过上美好生活而努力。

为了承担这种责任或者义务，所有对我们过上美好生活必不可缺的都是我们需要的，我们需要把所有那些好的东西放在一起，构成我们的幸福或者美好生活。这就是为什么我们有权利拥有它们的原因。如果我们没有责任去努力好好生活，如果我们不需要某些东西来获得美好生活，那么我们就没有权利拥有杰斐逊所主张的我们都应该拥有的那些。

杰斐逊认为所有人都有共同的人性，有共同的自然权利，这就意味着所有人都有共同的自然需求，对任何一个人真正好的东西对所有人也都是真正好的。在这种程度上，杰斐逊似乎采用了亚里士多德的观点，即追求幸福就是所有人努力获得对他们真正好的东西。

在我尝试着列举出所有亚里士多德认为我们都应该追求的真正的好东西前，我想花点儿时间谈谈这两个问题之间的区别，一个问题是“为了追求幸福我应该做什么”，另一个问题是“为了做把椅子，画幅画，写首歌，我应该采取什么步骤”。这两个问题的差异会让我们明白行动和创作之间的差别，也明白为了好好生活努力采取行动的这种思想和要制造出精美作品的思想之间的差异。

如果你想要制作椅子，画幅画，或者写首歌，你必须对要创作的东西有生产性的思维，同时你必须有制造精美椅子、创作优秀画作或者优美音乐所需要的专门技能或者技术。这种生产性思维和专门技能就是实现目标的手段。但是，你没有义务去追求这个目标。只有你决定做一把特殊的椅子、创作特殊的画作或者音乐作品时，你才必须要借助所需要的手段来完成它。

追求幸福不同于制造椅子、创作画作或者歌曲，因为刚开始你不会说“我希望追求幸福，我必须要这么做或者那么做”。对于追求幸福这件事，不像椅子、画作和歌曲那样，因为它就没有如果这种说法。你也许不想做一把特殊的椅子，你也许并不需要做它，但是你应该追求幸福。这就是为什么关于幸福就没有如果这种说法。

你应该追求幸福，但是你应该怎么追求幸福呢？这个问题我们还得回答。

关于这个问题，亚里士多德给我们提供了两个相关的答案。第一个答案是他列举出我们所有人都需要的真正好的东西，把这些好东西放到一起就成为幸福或者整体上的美好生活了。第二个答案是他指点我们如何获得人生所需的所有真正好的东西。第一个答案比第二个简单，所以我们就从第一个答案说起。

从天性上讲我们是能质疑、会思考、有认知的动物。作为动物，我们的身体需要用某种方式得到照顾。作为人类动物，我们的头脑需要用某种方式得到锻炼。亚里士多德把我们需要的真正好的东西称为身体需求，比如健康、活力和精力。因为我们的感官可以让我们的身体感受到快乐和痛苦，亚里士多德把这些快乐归属于真正好的东西。我觉得我们当中没有什么人会挑战他的这种常识性看法，那就是我们应该追求身体的快乐，如果可以的话，应该避免让身体遭受痛苦。

这些对身体好的东西，我们是和其他动物共有的。它们对我们好是因为我们是动物。我们和其他动物的区别就是追求它们的方法不一样。比如，其他动物会本能地尽量避免身体上的痛苦，同时也是本能地尽量享受身体上的快乐。你观察一只宠物猫或者一只宠物狗，你就会明白的确是这样。但是人类有时候会放弃身体上的享受，忍受身体上的痛苦，只是为了寻求一种别的他们认为更应该追求的好东西。我们甚至认为，限制我们身体上的享受，为了腾出空间给我们人生中更重要的好东西的这种做法是可取的。

我们提到的对身体好的东西就是实现幸福或者过美好生活这一终极目标的手段。同时它们本身也是一种目标，需要通过其他好的东西作为手段来实现。为了我们身体健康、有活力、有精力，我们需要衣食住行和睡眠。

亚里士多德把所有这些都放到一个标题下，他把它们叫作外部财富。按照亚里士多德的观点，财富具有真正的好处，它是我们身体获得健康、活力和精力的必要手段。没有一定的财富，我们就不能享受健康、活力和精力。同时，没有了这些东西，我们就不能很好地生活。

饥饿的人、挨冻的人、受热的人、被剥夺睡眠的人、因为要努力活着而身体被掏空的人、缺乏基本生活保障等外部条件的人，所有这样的人不可能生活得很好。他们的状况就和那些被锁链拴着、限制在监狱围墙中被迫做苦工的奴隶一样糟糕。缺乏一定的财富就像被剥夺自由一样，是幸福生活的羁绊，是追求幸福的障碍。

我所说的这两个例子，亚里士多德都是用“一定的”这种表述。他并不是说“无限的自由”是好好生活的必需条件，他也没说无限的财富是必需的。这两者都有所限制的原因并不相同，但是它们都会被限制，不能是无限的。好的东西，比如让身体愉悦的东西，也应该是受限的好的东西，因为我们想要的，比我们最终需要的多。

针对这两种已经提到的好的东西，对身体好的和外在好的，或者是财富，亚里士多德又提出第三种。这些好东西被亚里士多德称为精神益处。就像我们也可以把对身体好的东西称为身体益处，我们也可以把精神益处叫作心理益处。

这些心理益处中最明显的就是思想益处，比如各种知识，包括专门技能和技术。当然在我们所需要的所有技能中，有一种是思维能力。我们需要这种能力不仅是为了制造做工精美的产品，还是为了做得好，生活得好。

还有一些不太明显的心理益处也是我们需要的，因为我们是社会动物，也是思维动物。完全隐居是不可能生活好的。隐居的生活不是美好的生活，这种生活就如同奴隶的生活或带着锁链的人的生活一样，称不上是美好生活。

正如我们很自然地想获取知识，我们也是很自然地去爱别人，同时也被别人爱着。一种没有爱的生活，没有任何朋友的生活，就是一种被剥夺很多美好需求的生活。

尽管别人对我们来说就和各种财富一样都是外部的东西，但是亚里士多德并没有把友谊归为外部益处之列。他把友谊当作一种心理益处，一种精神益处。因为友谊就像知识和技能一样能满足我们的心理需求，而不是像某些东西满足的是我们身体的需求。

精神有快乐，身体也有快乐。比如，我们可以享受制作东西带来的快乐，也可以享受欣赏艺术作品的快乐，虽然这些作品都是别人的。我们还有获得知识的满足感，掌握某种技能的满足感和爱与被爱的满足感。

人们渴望被爱。他们也希望因为具有让人钦佩或者喜爱的特点而被尊重。认识到这一点后，亚里士多德在美好生活的影响因素中又加上了自尊和荣誉。但是，它认为如果没有一个合理的理由，获得荣誉不是一个真正好的东西，除非我们真正值得我们得到的荣誉。有些人追求的是名誉而不是荣誉。他们满足于有好的名誉，即使他们不配拥有这种荣誉。

我现在已经几乎全部列出了亚里士多德所认为的美好生活的

所有真正好的东西。这些都是整体的组成部分，正因为这样，它们才是我们实现整体幸福所必须使用的手段。这就是亚里士多德针对如何才能成功地获得幸福这个问题所给出的第一个答案。从这种意义上说，我们成功地得到并拥有所有这些真正好的东西，我们努力活好的目的就达到了，我们就能美好地生活了。

对于同样的问题，亚里士多德还给出了第二个答案。这次他给我们提出不同的建议，引导我们培养一种良好的品德。还有一种好的东西是我们需要但又高于前面提到的所有真正好的东西，那就是好习惯，更具体地说就是选择的好习惯。

掌握了打好网球技能的人就有好习惯，这种习惯让他们保持打好网球。掌握解决几何和代数问题的能力的人有好习惯。同样地，那些通常能努力克制自己别暴饮暴食、不贪睡、不贪玩（超出对自己好的范围）的人有好习惯。

这些都是好习惯，但是刚才最后提到的那个好习惯和前两类不一样。打网球的技能是一种好的身体习惯，能轻易解决数学问题的能力是一种好的思维习惯。这些好习惯让我们做事时会表现出色，不仅总是出类拔萃而且毫不费力。比起这些行动上的习惯，还有一些习惯经常能让我们很容易地做出选择，而不用仔细斟酌后才能做决定，也不用费心决定如何去选择才好。

那些不暴饮暴食的人就具有这种习惯，他们有坚定果敢的性情。这是一种好习惯，因为控制自己不被过量的饮食所诱惑的这个决定是一个正确的决定。

食物是好东西，但只有适量才好。真正好的东西太多，让人快乐的诱惑也太多。我们想要的总是高于我们需要的对我们好的程度。这就是为什么亚里士多德认为我们需要有选择或者做决定的好习惯——为了追求真正好的适量的东西，也为了以正确的顺序和正确的关系获得这些。

亚里士多德所说的所有好习惯这个表达源于一个希腊词汇，被翻译成最恰当的英语就是“美德”（excellence）。但是那个词经常是以拉丁译文的形式出现在英语里，所以好习惯最常用的英语词就是“美德”（virtue）这个词。

好习惯用某种具体的能力表现出来就是思想的美德，或者智力美德。好习惯用具体做出选择和决定的稳定的性情表现出来就是人的性格。所以亚里士多德把它们称为道德美德。

这两种美德都是我们美好生活所必需的真正好的东西。但是在追求幸福的过程中，道德美德起到一个特殊的作用。因为这个特殊的作用，亚里士多德告诉我们，要过上美好生活就要做出道德上体现出美德的选择和决定。

为什么亚里士多德认为这句话就是对所有答案的一个总结，我将在下一章中给予解释。

第十三章

好习惯和好运气

美好生活所需的一些真正好的东西对于其他的来说是实现目标的手段。像食物、服装和住房这些外部的好东西都是获得健康、活力和精力的实现手段。因为我们要活好需要健康，所以我们活好就需要财富。

同样道理，我们需要健康、活力和精力是因为我们要参加一些活动，而参加这些活动是获得其他一些好的东西所必需的。如果我们活好完全不需要去做任何事，那么我们就不需要活力和精力去积极参加活动了。

在这些好东西的排序上，排在第一的是那些我们渴望得到它们本身，且那些我们为了过上幸福生活渴望得到的东西。比如，我们并不渴望得到财富本身，而仅仅把它当作过上美好生活的手段。但是像友谊和知识这样的好东西，我们渴望得到它们本身，也是因为美好生活需要得到它们。

有些好东西是有限的，另外一些是无限的。比如，财富和身体的愉悦就是有限的。你想得到的比你需要的更多，其实对你没有什么好处。知识、技能和思想的快乐是无限的，它们越多越好。而这些往往是你不可能拥有太多的。

如果那些好的东西没有限制，你想要的可以比你需要的更多；如果所有好的东西都是同样重要的，那就没有什么是因为别的原因被追求的；如果想要某些看上去对你很好的东西和追求另外一些真正对你好的东西这两件事不相冲突，如果生活可以这样过的话，那么过上美好生活就几乎没有或者说就没有困难可言了，也没有必要为了成功地追求幸福养成选择和做决定的好习惯了。

但是，亚里士多德知道事情并不是那样。如果你现在想一想你自己的生活，你就会明白亚里士多德是对的。想想你曾经的遗憾。想想有多少次你因为懒惰不愿意去做你需要得到某种东西而必须去做的事而感到后悔。想想你什么时候放纵自己贪睡、贪吃，后来又多后悔。再想想多少次你本应该去做而又因为害怕遭受的痛苦而没去做的事儿。

如果这其中的任何一次你做出了正确的选择或决定，那你就不会后悔了。让你不留遗憾的那些选择和决定会有利于你追求幸福，它们会把真正的好东西放在正确的位置，它们会限制那些该限制的程度，它们会把你想要的放到一边，因为你想要的阻挡了你需要得到的东西的路。

亚里士多德跟我们说道德美德就是做出正确选择的习惯。但是如果先是做出了很多错误的选择，然后又做出一两个正确的选择，这不算做出正确选择的习惯。如果错误选择的数量远远大于正确选择的数量，你就会朝着错误的方向慢慢前行，离幸福越来越远，而不是越来越近。这就是为什么亚里士多德要强调习惯的概念。

你知道习惯是如何形成的。要想养成按时赴约的习惯，你就得努力做到一次次地不断守时，逐渐就形成了守时的习惯。一旦习惯形成，你就会有坚定不移的性格努力到达你承诺要去的地方。习惯越久，就越容易那样做，就越不容易打破这个习惯向相反的方向行进。

当你养成了一种习惯，而且习惯养成得很好，你就会很高兴地去做你习惯做的事，因为做这件事对你来说是轻而易举的，几乎不费吹灰之力。你发现不按照习惯去做事是很痛苦的。

我刚才所说的对于好习惯和坏习惯都适用。如果你形成了睡懒觉的习惯，你就会很容易也很乐意把闹钟关掉继续睡觉。按时起床对你来说既艰难又痛苦。同样，如果你已经养成习惯纵容自己沉溺于某种享乐，或者避开承受某种痛苦，你就很难停止不这么做。

在亚里士多德看来，这些都是坏习惯，因为它们阻碍你为了得到你需要得到的东西去做应该做的事。与此相反的习惯就是好习惯，因为它们能让你获得真正对你好的东西，而不是仅仅有时候看上去对你好，从长远看来对你是不好的东西。

好习惯，或者说道德美德，就是能做出正确选择的习惯。亚里士多德把坏习惯称为“恶习”，它们就是做出错误选择的习惯。每次你做出正确的选择，并付诸实际，你所做的就是朝着过美好生活这一终极目标又前进了一步。每次你做出错误的选择，并付诸实际，你就正在朝着相反的方向前行。有美德的人就是总能一次次地做出正确选择的人，当然不必是每一次都这样。

这就是亚里士多德认为在追求幸福的过程中美德起了这么一个特殊作用的原因。这也是为什么他认为道德美德是获得幸福的主要手段，也是所有对我们真正好的东西中最重要的。道德美德也是终极好的东西。你不可能有太多道德美德。做出正确选择和正确决定的习惯永远不能稳固地形成。

亚里士多德把道德美德的一方面叫作节制。它包括习惯性地抵制各种放纵享乐的诱惑，或者习惯性地抵制过度追求像财富这样有限的对我们有益的东西。为什么身体的享乐会诱惑我们，一个原因就是我们通常会马上享受它们。有节制能使我们为了长远的好处而抵制从短期看貌似对我们好的东西。有节制能使我们追求适量的财富，只把它作为得到其他好东西的一种手段，而不是把它本身当作终极目标去追求。

亚里士多德把道德美德的另一方面叫作勇气。就像节制一样，它也是习惯性的性情，能为了更重要的东西去抵制享乐的诱惑，因为纵情享乐只会阻止我们得到这些重要的东西。所以勇气是一种习惯性的性情，它可以让我们承受做事时遇到的各种痛苦，执着地为了追求幸福去做我们应该做的事。

比如，我们认为获得知识和掌握某种技能是我们应该具备的理智德行。但是获得知识和技能也许是痛苦的。学习往往是件难事儿：学好如何用一件乐器，如何把字写得漂亮，如何更好地思考，这些都需要反复不断地去做那些令人厌烦苦恼的事。

那些困难的、讨厌的事总是让人感到难受，但是躲避它们注定会影响你获得应该掌握的那些真正好的知识和技能。亚里士多德把坏习惯称为怯懦的恶习。

要获得真正的好东西就要忍受痛苦和麻烦，而习惯性躲避这些的人就如同战场上因为害怕受伤而逃跑的士兵一样是懦夫。那些为了正义事业的胜利而敢于冒生命危险，克服受伤恐惧的士兵都是有勇气的。同样道理，习惯性地为了获得真正对他好的东西而不怕困难、不畏艰险、敢于承受痛苦的人，都是有勇气的人。

节制和勇气是道德美德的不同方面。一个是抵制身体享乐的诱惑，限制我们去追求那些看似好的东西。另一个是承受痛苦和艰辛。但是这两点在一个重要的方面是相似的。它们都是在看似好和真正好之间做出正确选择的习惯。它们也是在从短期看似好的和从长期看是真正好的之间做出正确选择的习惯，这里的短期指的是今天、明天或者是下周，长期指的是整个一生。

亚里士多德意识到，对于那些经历尚浅的年轻人来说，很难把眼光放长远，很难意识到眼前的快乐和痛苦与未来幸福之间的关系。他也知道即使对于上岁数的人来说做到这个也很难。但是他也提醒我们，要想获得道德美德，就要努力保持在永远重要的东西与瞬间快乐和痛苦之间做出正确选择的习惯。着眼人生未来的这种困难是我们所有人都要克服的。

他指出的这一点让我注意到，努力生活好其实对我们所有人来说都不容易。但是那并不会阻止人们去追求目标，也不会让我们放松努力的责任。相反，按照亚里士多德的观点，过上或者努力过上美好生活的这种成功的满足感，使人们觉得所有付出的努力和艰辛都是值得的。

然而愿意付出艰辛和努力本身还不够。如果一个人手头有合适的原材料，有制造精良物品所需的技术或者专门技能，那么制作这件物品就几乎完全在这个人的能力范围内了。如果他们没有做成这件物品，那错误就在于他们。不幸的是，制作一件艺术品和过美好生活不是一回事儿。

但是做成这件事不完全在我们自己的能力范围内。我们即使没犯错，我们即使拥有亚里士多德所说的成功需要的道德美德，也不见得成功。良好的选择习惯是成功的前提，但是有了这样的好习惯，并不能保证一定会成功。

这一切的原因就在于，为了过上幸福生活而应该追求和拥有的真正的好东西不完全在我们掌控的能力内。像思维上的好习惯和性格上的好习惯（智力美德和品德美德），这些就比另外一些，像财富和健康，甚至自由和友谊等更容易在我们掌控的范围内。甚至获得知识和技能或者形成选择的好习惯，都可能要依赖于好的家长或老师的帮助，这一点又超出我们的控制范围了。

我们不能控制我们出生和成长的环境。我们不能让幸运女神青睐我们。这些事情的发生都是偶然的，而不是我们能选择的。

我们自身的努力不能保证我们就会拥有过美好生活所需要的外部条件。我们很好地照顾自己的身体也不会保证我们就能保持健康和活力。抛开我们自身的善行和品德，命中可能还会遭遇贫穷、疾病、失去自由或者失去朋友。

不管道德美德对于过上美好生活多么重要，因为机遇和选择在追求幸福的过程中起到很大的作用，所以光有道德美德还是远远不够的。好运和好习惯同样都是必不可少的。我们想要拥有的一些真正好的东西在很大程度上都是好运的赐予，尽管拥有它们之后对它们的好好利用有赖于我们的好习惯，但在亚里士多德看来，道德美德依然是过上幸福生活的主导因素。

另外，有好习惯会让人在遭遇不幸的时候不气馁。如果我们不能控制身边突发的事件，至少可以利用坏事中的好事，这也算是一种好运吧。我们也可以努力去弥补因为不幸而被剥夺的一些损失。道德美德在这两方面会助力我们去处理命运中的起起伏伏，或好运或霉运。

亚里士多德之所以做出上述总结，是因为他认为我们能过上美好生活要依赖以下两件事。一件是要有道德美德，因为它能让我们持续做出正确的选择。另一件是受到好运的眷顾。正如道德美德会防止我们走向错误，做出对自己不利的选择，好运会让我们无能为力时得到好东西。

人们常说，美好生活就是在生活中拥有了一个人所期待的一切，但前提是他或者她期待的不是一些有瑕疵的东西。一个人必须要有道德美德才不会去期待一些有瑕疵的东西。但是除此之外，一个人必须还要有超出选择范围之外的好东西，这些好东西都是好运赐予我们的，这是除了选择这个好习惯让我们获得的好东西之外的好东西。

在诸多由好运带给我们的好东西里，有一些要依赖我们出生、成长和生活的社会环境。亚里士多德从来没有让我们忘记我们不仅是物质有机体，而且是社会动物。有一个幸福的家庭，生活在一个和谐的社会同生活在一种舒适的气候里，有新鲜空气，有干净的水以及有其他可得到的物质资源一样重要。

说到这一点，我们一直谈论的追求幸福就好像是一件孤独的事，就好像我们不用管别人，自己独自就能做到的事。事情基本不可能是这样的。既然我们不能完全独自一人很好地生活，我们就必须要考虑做什么才能够和别人和谐地相处。我们也必须要考虑别人能为我们做的，及应该为我们做的，这样我们才能努力过上美好的生活。

追求幸福生活在一定程度上是自私的，这是因为一个人所向往的美好生活实际上是他自己的美好生活，而不是别人的美好生活。但是，我们也意识到如果不考虑别人的幸福就不可能真正实现自己对幸福生活的追求，这时候我们的自我利益就受到了启发，那就是如果我们自私自利是不能成功过上幸福生活的。

这也就是为什么亚里士多德认为我们一直在讨论道德美德的两个方面还不够。除了节制和勇气外，还要有公正。公正就是要考虑别人的利益，别人不仅包括我们的朋友、我们爱的人，还包括其他所有人在内。公正还涉及我们生活的这个全面发展的社会的利益，我们把这个社会称为国家。

生活在一个和谐的社会非常有利于个人追求幸福，因为一个和谐的社会能够公正地对待它的每一个成员。这个社会要求每个人都要公正地对待其他人，同时他的行为要对社会整体利益负责。这种利益是社会全体成员都要参与贡献的利益。

没有节制、没有勇气的人会因为习惯性做出的错误决定而伤害他们自己。习惯性做出错误决定的人也不会是公正的，他们会伤害他人，会伤害他们生活的这个社会。原因就是那些执着追求美好生活的人经常要做决定去开展计划实现目标。这种有方向的选择，注定也会直指他人真正的幸福生活，及所有人共享的社会福利。

比如，让我们想想，有人想要得到多于对他好的更多的财富，有人想过分享受放纵身体的快乐，有人热衷于一些对任何人都不好的东西，比如为了控制别人的生活而凌驾于别人之上的权力，这样的人肯定会毁了自己的一生。他们也非常有可能在错误的道路上伤及他人。但是，那些有正确生活目标的人的行为，往往会不自觉地惠及他人和他生活的这个社会。

第十四章

他人有权期待我们做什么

亚里士多德说过两件事，我认为那真是关于人际关系无比明智的两件事。一旦弄明白这两件事，它们也就变成常识了。

他说如果所有人都是朋友，公正就没什么必要了。他还说公正是联系一个国家的人与人之间的纽带。

把这两件事放在一起，我们就能得出以下结论：一个国家（这是我们能隶属的最大的组织机构）的成员不都是朋友关系；如果他们都是朋友，就不必用公正这个纽带把他们连到一起而形成叫作国家的这个社会了。

我们大多数人都属于不止一个社团或组织团体。我们是家庭成员，或为父母，或为子女，或者两者兼而有之。我们也许还属于其他组织团体，比如学校、俱乐部、某种商业组织。所有这些都是人们为了某种共同目的而结合起来形成的社团或者联盟。

这些联盟的目的把其中的两个组织机构和其他的组织机构区

别开来。像学校、大学、医院、商业机构和俱乐部这样的联盟，旨在提供某种特殊服务。比如教育机构旨在宣传和发展知识，医院在于关爱健康，商业机构的目的在于生产或者分配物品进行买卖等。

与之相对的家庭是为了维持其家庭成员生活的一个团体，而国家是旨在丰富和改善人们生活水平的一个社会。亚里士多德认为，如果生活在一个国家里却没有得到更多的实惠，人们可能会更愿意生活在一个更小的家庭圈子中，或者生活在由更多家庭聚在一起的一个更大的团队中，这个更大的团队和我们称为的部落相似。亚里士多德认为，能让家庭群聚成部落，让部落群聚成更大的社会的理由就是人们会在这个更大、更包容的联盟中有所获益。

我们已经知道，作为人类，我们的目标不应该只是活着，而应该是活好，尽可能地活好。当然，活着是活好不可或缺的前提。人类不是独居动物，而是群居动物。为了维持生命、维系生活，为了繁衍下一代，照顾和保护婴儿，人们之间必须保持互相联系。

亚里士多德认为，家庭和部落就是为了实现这些目标逐渐形成的最初的联盟或者社会。它们现在也许不这样了，或者在一定程度上不这样了，但是亚里士多德让我们思考它们的起源，最开始，是什么原因让人们形成这些社团联盟。

有这样一个答案，它也许不说自明，那就是“本能”。本能让蜜蜂筑蜂巢，让蚂蚁建立蚂蚁王国，筑起蚁丘。也许人类的本能就是让他们建立家庭、建立部落、建立国家。如果是这样，那么这些社团联盟就完全是自然形成的，他们不同于学校、俱乐部和商业组织这样的联盟，后者几乎不可能是本能的产物。因为这些组织机构是人们为了一些特殊目的而自觉聚在一起所形成的。

在亚里士多德看来，家庭、部落和国家不同于学校、俱乐部和商业组织，也和蜂巢、蚁丘不一样，因为不管你在哪儿发现蜜蜂或者蚂蚁，它们都总是以完全一样的一种方式被组织起来，世代如此。尽管人类属于同一物种，但是每个家庭、部落和国家的组织方式和架构大不相同。

在亚里士多德看来，这就意味着这些社团联盟最初是自发、有目的地形成的，是人们考虑到自己的情况经过组织计划形成的。在这种程度上，它们就像人们自发地、有目的地、仔细考虑后建立的学校、俱乐部和商业组织一样。但是，家庭、部落和国家又与学校、俱乐部和商业组织不同，因为它们既是自然的，又是自发的。

亚里士多德说家庭、部落和国家既是自然的，又是自发的，那他自己不是自相矛盾吗？如果他认为家庭、部落和国家的自然性与蜂巢和蚁丘的自然性完全一样，都是本能的产物，那他就是自相矛盾的。但是，亚里士多德说社会的自然性是另外一种方式的。这种自然性体现在社会是为了满足人类的某种自然需求而形成的，这种自然需要是待在一起或者更好地生活在一起的需求。

在这种意义上，一个社会可以是自然地形成的，也可以是自发地、有目的地、经过深思熟虑后，为了满足让社会更自然的这个需求形成的。

在亚里士多德看来，家庭最初的形成是人们需要待在一起以保护和养育后代。家族或者部落是更大的组织，需要更多的人一起工作，它们的形成是为了更有效地满足这个需求。国家是个更大的组织机构，最初是把家庭和部落结合起来而形成的，不仅是为了满足同一个需求，而且还有其他的目的，那就是让其成员，如果不是全体成员的话，能过上美好的生活。生命有了保障，注意力和努力就会转向去改善生活，让生活更富有、更美好。

亚里士多德说人天生是一种政治动物，这句话的含义比说人是一种群居动物的含义更丰富。因为还有其他群居动物，蜜蜂、蚂蚁、成群捕猎的狼、生活在一起的狮子。但是只有人类把他们的群落自觉地、有目的地、有计划地组织起来，制定自己的法律和规定自己的习俗以互相区别。

说人是政治动物，有一层意思是，人是制定法律和规定习俗的动物。当然亚里士多德宣称人天生是一种政治动物，他也是在表达另外一层意思，即如果人们只是以家族和部落的方式生活在一起，他们不可能生活得幸福，也不可能过上最美好的生活。亚里士多德认为，人们要想过上美好生活，必须以城市或者国家的方式生活在一起。

希腊语中，表示城市或者国家的词是“polis”，从这个词我们得到了“政治”（political）这个英语词。拉丁语中，表示城市或者国家的词是“civis”，从这个词我们得到了“公民的”（civil）和“文明的”（civilized）这些英语词。人类天生的政治性使得他们必须以国家的方式生活在一起，才能过上可能的美好生活。美好生活就是公民的文明生活。

现在让我们回到这一章开始时说的两句话。如果人们都是朋友，那么公正就没有必要了。因为一个国家的成员很少都是朋友，所以有必要用公正把他们联系在一起，以便在国家这个最大的人类社会中和平而和谐地生活。

现在让我们设想一下所有的家庭成员都是朋友，而且是朋友这个词的最高境界。

当两个人达到朋友的最高境界时，他们就相爱了。爱让他们互相希望对方幸福，希望为对方付出，希望做一些必要的事来丰富和改善对方的生活。

处于这样的友谊或者爱中的人，往往会为了对方的幸福或者美好生活而努力奋斗，绝不会做任何伤害对方的事，不会阻止或者妨碍对方追求幸福。

所以说，如果在一个家庭里，父母无时无刻不爱孩子，孩子无时无刻不爱父母，夫妻无时无刻不相爱，兄弟姐妹无时无刻不相爱，那么公正就没有必要了。但是，在大部分的家庭中，总会有时候爱或者友谊出现问题，不够完美。一般这个时候家里的一个人会对另一个人说，“你对我不公平”，或者“你这样说不公平”，或者“我有权让你这样，我有权让你那样”。

这时候，爱就不再是把家庭成员联系起来的纽带了，而公正出现了。公正会努力做到让一个人获得他或者她有权利得到的东西，公正会努力做到让一个人被别人公正地对待，受到保护，不被伤害。

当爱不存在了或者不够完美，而公正又不出头做主时，家庭成员可能就不会再待在一起，或者至少他们不会再和谐地生活在一起，也不会努力去共享大家共同的快乐。这对于国家来说也是一样的。在大部分情况下，一个国家的成员都不是因为爱或者友谊而联系起来的。如果没有爱，那么公正就要介入来把国家的人联系在一起，让他们和平地、和谐地生活在一起，为了一个共同的目的一起工作、一起努力。

亚里士多德知道有几种不同的友谊。其中，他认为只有一种是完美的友谊，即那种存在于互相爱护的两个人之间，只希望能为对方付出的那种友谊。

亚里士多德还知道这样的友谊珍贵且稀少。通常的情况是我们称一个人是我们的朋友，是因为他对我们有用，或者因为从他那儿我们能获得快乐。这种友谊是自私的。我们把一个人叫作朋友有我们自己的利益，只要这种利益存在，我们就把对方称为朋友。相对而言，真正的爱或友谊是无私的、仁爱的。这种友谊就是为对方付出。

公正和爱一样都是为了他人好。然而，它们之间有明显的区别。明白爱的人都知道一个人永远不会对另一个人说，“我有权被爱，你应该爱我”。

当我们真正爱一个人的时候，我们不是因为这个被爱的人有权向我们索要一些东西才去给他们，不管我们爱的人是男性还是女性。相反，我们完全不会去考虑他们的权利，而是自己慷慨无私地给他们。我们为他们所做的远远多于他们有权期待我们为他们做的。

我们有时候会爱上根本不爱我们的人。我们的爱并不是以他们爱我们为回报的。但是，当我们公正地对待别人，给予那些他们有权去期待的东西时，在某种程度上我们是自私的，因为我们会期待得到公正的回报。在这种意义上，期待别人对我们会像我们对待他们那样，这种想法是自私的。

那么别人有权期待我们做什么呢？那就是我们对他们所做的承诺。我们告诉他们真相，因为说谎总会在某种程度上伤害他们。我们当初向他们借的东西一定物归原主。我们欠债还钱。我们不偷他们的东西。我们不伤害他们的健康，不伤害他们的身体和生命。在他们的行为绝不会伤害到我们的时候，不去干涉他们的行动自由。我们不说有损他们名声、玷污他们名誉的话。

所有这些，或者类似这些的都应该总结成别人有权期待我们做的事，他们会期待我们不去做任何妨碍或阻碍他们追求幸福的事，任何干涉或者阻止他们获得美好生活所需要的真正的好东西的事。对这些好东西的需求给予他们拥有它们的权利，我们有义务尊重他们的所有权，如果我们自身是公正的话。

我们也许不总是公正的，至少不是完全公正的。而有些人就是站在公正的对立面。他们的习惯不是去尊重别人的权利，而总是朝着反方向走，想方设法得到自己想要的，甚至不惜践踏别人的权利，也要这么做。

这就是为什么为了公平地对待每个人，一个国家要制定法律来规范公民应该做什么，不应该做什么。如果一个人能习惯性地不管做什么都公平地对待别人，就没有必要制定这些法律，并且由国家来加强法律的执行了。但是因为几乎很少有人能完全公正，同时也因为有些人总是有不公正的倾向，所以那些规定公正行为的法律，必须由国家来执行，以保护个人因他人侵犯他的权利而受到严重侵害。

别人有权期待我们积极行动以帮助他们追求他们的幸福吗？一方面是不干涉、不妨碍、不阻止他人努力去获得和拥有他们需要的真正好的东西，另一方面是帮助他们获得这样的好东西。他们有权利要求我们去帮助他们吗？

根据亚里士多德所理解的爱与公正之间的区别，答案是“不”。一个人去帮助另一个人获得他过上美好生活所需要的真正好的东西，那是爱的馈赠，不是公正的义务。这就是为什么国家法律不要求一个人采取积极行动去帮助另外一个人实现对幸福的追求。

然而，国家也的确会制定和实施法律要求个人为了整个集体的利益而采取积极的行动。集体的利益会影响到它的每一个成员对幸福的追求。一个和谐的社会就是在这个社会里，人们的共同利益得到保障并得以发展，这样的社会才能有益于个人美好生活的实现。亚里士多德充分阐释了一个好的国家应该追求的目标就是这个国家里的所有个体的幸福。国家应该帮助人们追求幸福。

法律指引我们为了整个集体的利益要把握自己的行为，因此我们在遵守这些法律的同时也间接地帮助了我们的同伴，助力他们追求他们的幸福。对于很少一部分人，我们主动的所作所为是出于对他们的爱，对于其他所有人，我们所能间接做到的就是遵守法律。法律要求我们为了集体的利益而行动，这个集体里面有他们，也有我们。

第十五章

我们有权期待他人或者国家做什么

像爱你自己一样爱你的邻居！

像你期待别人怎么对待你一样去对待别人！

／ ／ ／

这两句我们熟悉的格言把我们和他人联系起来。这两件事似乎都把你自己作为在对待他人的行动中的一个中心。用同样的方式爱你自己和爱你的邻居，甚至有可能和爱你自己的程度也一样。想想你是多么希望别人对待你也像你对待他们一样啊！

我们好像把这个顺序给颠倒过来了。在前一章我们首先讨论的是别人有权期待我们做什么，现在，在这一章中，我们讨论我们有权期待别人做什么。更确切地说，我们已经把这个顺序提升至我们第一，别人第二了。

权利就是权利。如果任何一个人有了权利，基于他或她与所有其他人共享的需求，那么其他所有人也有同样的权利。你先考虑你自己的需求和先考虑别人的需求就没有什么区别了。

然而，还是有理由先考虑你自己。首先，考虑一下你应该做什么的顺序。能控制你所有的实践性思维、选择和行动的最终目标就是你自己的美好生活。你有义务尽可能地好好生活——在一生当中获得和拥有所有真正对你好的东西。

正如我们所看到的，公正不会要求你采取积极的行动去帮助别人获得幸福，这不同于你对自己的爱会让你去追求自己的幸福。公正只会要求你不要妨碍或阻挠别人追求他们的幸福。如果你能做得比这还好，去帮助别人追求幸福，那说明你这么做是像爱你自己一样地爱着他们。

公正所涉及的你的权利和他人的权利是基于对任何一个人都真正好的那些东西上的，因为这些东西能满足人们天性的需求。思考那些想得到的好东西，尤其是真正好的东西肯定要先于思考权利这件事。比如说你认为有一定的财富、有令人满意的健康和有自由对你来说不是什么真正好的东西，那么你就不会说每个人都有权利拥有这些不仅是活着的手段，还是活好的手段的东西。

那么你有权利期待别人所做的就和别人有权利期待你做的事一样了。权利都是一样的，因为每个人的权利都一样，因为对你真正好的东西对其他人也是真正好的东西。之所以这样是因为我们都是人，我们都有同样的人性，我们这种天生的人性里有需要得到满足的同样的基本需求。

在所有这些需求中有一种需求是生活中需要和其他人打交道的需求。我们不是那种可以独来独往的动物。我们已经知道，人类社会：家庭、部落和国家，它们的出现就是为了满足这个需求。但是，它们也帮助我们完成了其他的需求，我们得到了为了维持生命所需要依赖的那些好东西，以及为了更好地生活我们所需要依赖的那些更好的东西。

因为在我们的生活中，我们总会需要和其他人打交道，尽管社会本身是好的，但是作为一个特殊的社会，如果它的组织方式或者运作方式不能帮助它的成员个体或者甚至是主动阻止它的成员个体努力获得真正对他们好的东西，这个社会可能就不太好了。

比如说一个家庭，如果不能给它的孩子们一定权利的自由，如果不能照顾好孩子们的健康，如果不帮助孩子们正常成长，这个家庭就不是一个好的家庭。这并不是说家庭本身不好，因为毕竟小孩子自己不能独立生活，没有家庭的照顾他们没法长大。这只是意味着某个特殊的家庭不好，因为它没有为孩子去做他们有权期待家庭为他们做的。

考虑到什么是好的，什么是坏的，亚里士多德关心的是好的社会、坏的社会，好人、坏人，好日子、坏日子。我们已经说过，社会本身是好的，对于他来说，这是一个简单的常识性道理。如果不生活在一个社会里，我们就不可能生活。

说到这儿，亚里士多德还要继续考虑是什么让某一个社会很好，或者让一个社会比另一个社会更好。正如他关于人生提出的终极问题是我们每个人都能过上最美好的生活，所以关于社会，他的最终问题是我们生活在其中，并能追求幸福的那个最美好的社会。

由于亚里士多德认为在所有的人类社会里，国家或者政治团体是最能保证我们过上美好而文明的生活，因此，就让我们把对于好国家和最好的国家的问题聚焦到他的答案上。

很显然一个好的国家对他来说就是治理得很好的国家。对于亚里士多德来说这就和认定美好的生活就是过得很好的生活一样显而易见。对于他来说，没有政府，国家不可能存在。人类不可能在无政府的情况下和平地、和谐地生活在一起。

如果所有的人类都是朋友，都互亲互爱，那么上面说的也许不对。如果所有人都完全公正，那就没有必要执行法律以防止一个人去伤害另一个人，那么上面说的也许还不对。但是亚里士多德认为，从正常的经验来看，所有的人不是因为爱或者友谊而被联系在一起的，大部分的人也都不是绝对的公正，还有些人自私而且相当不公正。

因此，他的常识性结论是，为了国家或政治社会的存在，政府是必需的。

因为是必需的，所以政府本身是好的，就像社会本身也是好的一样，因为社会也是必需的。但是我们也看到了，有的个别社会很不好或者不像它应该的那样好。所以说，政府的某种形式也许不好，也许不像它应该的那样好。

有些人缺乏亚里士多德的敏锐，他们会说政府的存在其实没什么必要。他们没有认识到如果不是生活在有政府拥有权利去执行法律和做出决定的这样一个社会中，人类——尽管他们是一种存在，但是又不是人们所希望的他们存在的那个样子——不可能和平生活在一起，也不可能为了一个共同的目标而共同努力。必须受到约束的不仅仅是罪犯。为了能让很多人为了一个共同的目标共同努力，还必须要有某种国家机器来为他们需要的共同行动做出决定。

还有人说，尽管国家也许是必要的，但是因为它涉及使用强制力（执法力），又因为它涉及对人身自由的限制，所以国家是一种必要的邪恶。那些这么说的人没有理解到亚里士多德关于一个社会执法和限制个人自由的要点。

在亚里士多德看来，好人就是有品德的、公正的人，他遵守法律是因为他是有品德的人，而不是因为他惧怕由于违法或者扰乱和平而可能遭受惩罚。他自觉守法，维护和平不是因为法律的强制力，他的行为不是政府强制的结果，所以对于他来说政府不像是对坏人来说的那种邪恶的。

好人也不会觉得他的自由受到政府的限制。他不想伤害别人，也不想要多于自己需要的自由。只有坏人才想要更多的自由，只有坏人才不顾他人，觉得自己想要的随心所欲的自由受到了政府的限制。

政府本身是有必要的，也是好的，这个事实并不能保证所有政府的形式都是好的，或者像它们应该的那样好。在亚里士多德看来，区分政府形式好与坏的标准取决于下面问题的答案。

第一，政府是为它所管辖的人的共同利益服务吗？还是说政府的服务对象是那些行使政府权力满足私利的人们？那种只满足统治者一己私利的政府是专制的政府。只有能保证被统治者的幸福生活的政府才是好政府。

第二，政府只是依赖任凭统治者使用的权力吗？还是说政府只是依赖那些经过被统治者认同和参与而制定出来的法律？单纯依赖强权和武力的政府，不管它是掌控在一个人手里还是掌控在多个人手里，即使它有时候是善意的或者好心的，但总体它都是专制的。要想成为一个好的政府，它必须要有为被统治者承认和接受的权威，而并不是被统治者出于恐惧而屈服的政权和武力。

亚里士多德把这种用好的方式执政的政府称作宪法政府或者政治政府。之所以把这样的政府叫作政治政府，他是想建议这是唯一的一种对于国家或者政治团体最适合的政府形式。

第三，这个问题适用于既不专制又不暴政的宪法政府，以法律为基础的政府，即让那些统治阶层也受到法律制约的政府。关于这样的政府，我们必须问一句：宪法是政府本身建立其上的根本法律，它是公正的宪法吗？那个政府制定的法律是公正的法律吗？

任何只要不是专制的政府达到那种程度就是好政府。在所有非专制的政府中，宪法政府比专制政府好。在所有的宪法政府中，最好的就是有公正的宪法和公正的法律的政府。

亚里士多德表扬了宪法政府，说它是自由人和平等人的政府。他还说这是一种由公民统治的，公民又反过来受统治的政府形式。

那些被独裁者统治的人们是国民，不是公民，因为公民是在自己的政府里有发言权的人。那些被独裁者统治的人只不过是奴隶。在这两种情况下，他们都是以下等人身份被统治，而不是以平等的身份被统治。只有公民是以平等自由的身份被统治的，统治他们的那些公民是他们自己选举出来在某个时期担任公职的人。

对于这一点的思考，亚里士多德犯了一个严重的错误。亚里士多德生活的那个时代，有些人生来就是奴隶，也像奴隶一样被对待，而且在他生活的那个社会，女性是按照下等人被对待的。他所犯的错误就是认为许多人天生就是下等人。他没有意识到那些看上去是下等人的人之所以这样，是他们被对待的方式的结果，而不是他们天生就没有这个福分。

因为他犯了这个错误，所以他把人分为两类。一类是那些适合作为公民被统治的人，他们是自由人，他们之间是平等的，他们在自己的政府里有发言权。另一类是那些仅仅适合作为国民或者奴隶被专制统治的人，他们在自己的政府里没有发言权，他们没有自由，也和别人不平等。

在我们生活的这个时代、这个社会，如果有人犯了亚里士多德犯的错误，他是不会被原谅的。我们要修正亚里士多德的错误，所以我们得出这样的结论，即所有人都应该作为公民被统治或管理，他们在自己的政府里有发言权，他们虽然被统治，但是他们是自由和平等的。对于这个包含一切的所有人，唯一的例外就是那些婴儿或者有精神障碍的人。

得出上面这个结论后，我们还会看到宪法政府只有不分性别、种族、宗教、肤色或者财富，让它的宪法赋予所有公民平等的地位时，它才是一个好的政府。要做到这一点，就要给予公民有权得到的自由，作为公民被统治的自由，而不是作为奴隶或者国民。

一个人不比另一个人更像人或者更不像人，尽管因为上苍的眷顾或者后天的特性的不同，他可能在很多方面高于或者低于另外一个人。这些不平等当然应该成为选择一些人而不是另一些人担任公职的原因，但是它们绝对不应该成为衡量公民层次的标准。

所有人作为人都是平等的。既然人是平等的，那么他们就有普遍的人性所需要的平等权。宪法如果不能平等地对待这些平等的人，那么它就不是公正的宪法。如果它不能认识到所有人都应该享受对自由的平等权，那它也不是公正的宪法。这种平等权就是人应该以他该被对待的方式被对待，作为公民而不是奴隶或者国民一样被对待。

现在我们接近了这个问题的答案，这个问题是我们有权期待我们生活的这个国家和政府为我们做什么。我们有权利以公民的身份受到那个我们认可、也允许我们有发言权的政府的统治。

这就是我们有权所期待的一切吗？尽管亚里士多德错误地认为只有一部分人有权受到公民式的对待，但是他认为那些人有权期待他们生活的这个国家能为他们做更多的事。他认为最好的国家应该尽其所能地帮助它的公民追求幸福。不管是否只有一些人还是全部人是公民，这个观点都是真理。

一个国家如何帮助它的公民去追求幸福呢？那就是国家可以帮助它的公民获得并拥有他们需要的而且也是有权利得到的对他们真正好的东西。为了理解这一点，我们必须记住前一章提到的一点。

在我们为了生活好而必须拥有的所有真正的好东西里，有些是在我们力所能及范围内可以得到更多的，有些是可以获得较少的。有些，比如道德美德和知识很大程度上依赖我们自己做出的选择。有些，比如财富和健康在很大程度上依赖我们的好运或者好运的眷顾。

一个好的国家和一个好的政府能帮助它的人民追求幸福的主要方式，就是尽其所能减少他们因为倒霉或不幸而不是他们自己犯错所遭受的损失。国家和政府应该做它的人民想做却无力做到的事。最好的国家和最好的政府就是在这方面做得最到位的国家和政府。

不管一个国家或者政府有多好，它也有一件事不能做到，就是让它的公民有道德、有正义。人们是否拥有道德美德几乎完全依赖于他们自身的选择。因此，最好的国家和政府只能给它的公民创造良好的外部环境，让他们或者鼓励他们好好地努力生活。即使创造了这些条件，也不能保证他们所有人都能成功地过上幸福生活。他们的成功与否，完全取决于他们如何利用这些他们所处的有利的外部环境。

第四部分

人是认知者

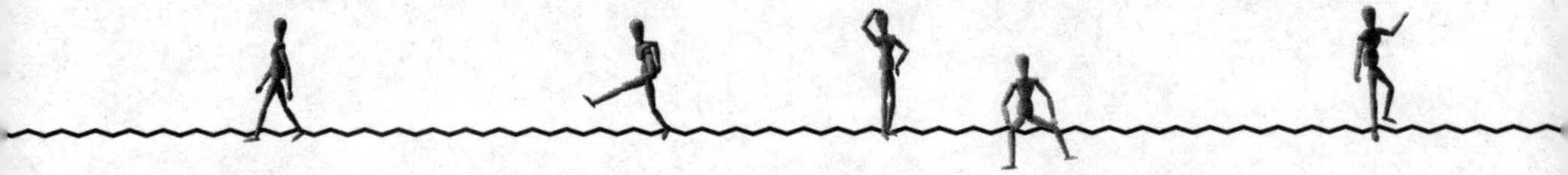

第十六章

脑：进入与产出

在前几章我们已经讨论过思维和认知的问题，但是没有讨论过能思考和有认知的“头脑”（the mind）的问题。

在第二部分我们讨论了生产性思维，那种关系到生产物品的思维。我们还讨论了制造物品所需要的知识，我们称之为技术或者专门技能。

在第三部分我们检验了生产性思维和生产性知识，思考了人类所进行的活动的手段和目标，思考了我们所寻求的知识当中什么是对我们好的知识和什么是不好的，思考了人的一生所有的行为举止，怎么做是对的，怎么做是错的。

现在，在第四部分里我们要关注理论思维，即源于认知的思维，而不是源于生产或者行动的思维。我们还会关注知识本身，关注有关事物的知识，关注我们应该做什么和不应该做什么的知识。这是我们第一次讨论对于能思考和有认知的“头脑”我们了解多少。

语言在人类思考和认知上起很大的作用。根据亚里士多德的观点，我们用的词语表达了我们思考时的观点。我们说的陈述句或者所做的陈述表达了我们肯定或者否定的观点，这些观点要么是对的，要么是错的。

当我们所做的陈述恰巧是对的时候，它表达的就是知识。如果它恰巧是错的，那我们就犯错误了。对于某件事我们不可能既做错了又有知识。观点要么是真的要么是假的，要么是对的要么是错的，但是不正确的、错的、假的知识就像一个圆的正方形一样是不可能的。

我们想出来的主意是从哪儿来的呢？对于亚里士多德来说，很显然它们不是我们生来就存在脑子里的，而是我们某种经历的产物。所以这就是为什么他对于人类思维和认知的描述始于我们的感官所引发的感觉和经历。

感官是“头脑”的窗户或者途径。从外部世界进入“头脑”的东西是通过感官进入的。入“头脑”的东西可能是别人说的字或话。众所周知，从我们上学那一刻起，我们就通过这种方式学了很多东西。但是学习不是始于学校教育的，甚至在接受了学校教育之后，我们的全部学习也不是别人说什么我们就学会什么的。把人类的种族作为一个整体来考虑，包括所有婴儿在内，学习者在使用文字表达他们所学的内容之前，学习始于感觉经历。

在亚里士多德那个年代，人们普遍认为我们有五种外部感觉——视觉、听觉、触觉、嗅觉和味觉。亚里士多德之所以把它们称为外部感觉，是因为它们每一个都牵涉我们体表的一个感觉器官，这些器官由于外部世界的刺激起作用：视觉是外部事物作用到我们的眼睛上，听觉是外部事物作用到我们的耳朵上，触觉是外部事物作用到我们的皮肤上，嗅觉是外部事物作用到我们的鼻子上，味觉是外部事物作用到我们的舌头和嘴上。

现代科学研究发现我们不止有五种感觉和感觉器官，比如我们体内感到饥渴时的感官和感到四肢运动或身体位置移动的感官，但是具体的感觉和感官的数量并不影响亚里士多德关于思维和认知对于感觉和感觉经历的描述。

当感觉器官受到外界的物理作用时，就会产生各种各样的感觉。感觉是一种被动的接收器，必须受到外界刺激才能被激活。我们的每一个感官都是高级定制的接收器。我们不能用眼睛品尝或者闻味道，我们不能用舌头和鼻子听或者看。我们用眼睛识别颜色，用耳朵辨别声音，用鼻子识别气味儿，诸如此类。

我们可以用不止一种方式去了解周围世界的方方面面。我们可以看到物体的大小和形状，也可以通过触摸来感知它们的大小和形状。我们可以看到也可以听到物体从一个地方移动到另一个地方，甚至还能辨别出移动速度的快慢。

我们刚才提到的各种感觉是我们感觉经历形成的原材料。尽管这些原材料通过不同的感官渠道从外界分别到来，但是我们感觉到它们的时候，它们并不是保持独立和互相孤立的。我们通过感觉所体验的世界是一个有着各种物体的世界，这些物体大小形状各异，有运动的，有静止的，在空间里以各种方式相互联系着。我们所体验的这个物体的世界还包括各种各样的质量，如物体的颜色、物体的声音、表面的粗糙和光滑程度等。

根据亚里士多德的观点，我们的感觉经历是我们自己知觉的产物。我们通过感官被动收到的感觉仅仅是我们以某种方式堆放在一起的原材料，用以构成我们感觉经历的无缝组织。把它们放在一起时，我们是主动而不是被动的。

感觉是来自外界的输入。但是由我们对外界的感知而产生的感觉经历，包含我们自己的记忆和想象。这种经历包含许多因素，它们的起源就是我们的感觉所感受的东西，这些因素因为被放在一起的方式而发生改变，这样就组成了我们所看到的这个世界的整体。

如果我们用语言描述一个典型的知觉经验，我们马上就会明白，比起感觉这种原材料，我们可用的还更多。比如，你看到一只狂吠的大黑狗在一条街上追一只虎纹黄猫，这只猫跑到了一辆蓝色汽车前面，车子发出尖利刺耳的刹车声后，一下子停了下来。在这个知觉体验的描述中，只用了几个词表现眼睛和耳朵感觉到的视觉和听觉质量，即颜色和声音。一只狗和一只猫，一辆汽车和一条街道，追，跑，突然刹车停了下来，你感知到的所有这些远远多于你从外界收到的感觉。

当你感知到一个你叫作狗或者猫的物体时，或者当你感知到你叫作追或者跑的动作时，你的记忆力和你的想象力同时都会起作用，尤其是如果你感知到的狗对你来说很陌生，而那只猫是你以前在附近看到的，比较熟悉的。另外，你的理解力也会起作用。你对这种动物的理解就是猫是一种不同于狗的动物。另外，因为你理解老虎是一种什么样的动物，所以你对猫的感知是它们有虎纹。你还理解走和跑、加速和减速之间的差异。如果你不能理解这一切，你就不可能会有上面描述的那种感知经历。

在亚里士多德看来，这些各种各样的理解都是我们思想活动的结果，而不是我们感觉活动的结果。我们的思想形成了对猫和狗、跑和追的看法。这些想法是基于我们的感觉从外界收到的信息形成的，但是想法本身不是从外界收到的。根据亚里士多德的观点，它们是人们通过感觉去感知世界所形成的思想活动的产物。

正因为事物可以被感知，我们才能感觉到它们一样，我们可以理解事物是因为它们是能被理解的。如果那只狂吠的狗和发出刺耳声音的汽车是不可视也不可听的，那么我们就看不见它们，也听不见它们。同样，如果狗和猫不能作为不同种类的动物被理解，那么我们就不会理解它们不同的本性。亚里士多德的观点是我们对于猫和狗的天性的理解是通过我们对什么是猫和狗的看法和理解而形成的，就像因为我们的眼睛收到的视觉感觉，所以我们理解狗的黑色和汽车的蓝色是一样的。

当一个木匠准备动手做一把椅子时，他头脑中必须要有做一把什么样的椅子的想法。他不仅必须要有关于这把椅子的大致想法，还要有他想做的这把椅子的更确切的想法。有了这些想法，还有一些木头，他就有了原材料，木匠就可以把这些木头加工，拼在一起，然后它们就有了椅子的形状。生产工人头脑中的想法就变成了他所做工的那些材料的形状。

有某种形式的生命体是猫，有不同形式的生命体是狗。当孩子们学习区分猫和狗，并且看见这两种动物能辨认出来时，他们对猫和狗的感知就包含对这两种动物各自特殊属性的理解。这种理解由两种看法构成，一种是猫是什么，另一种是狗是什么。

亚里士多德的观点是有了关于猫的看法就相当于人的头脑中有了所有猫的普遍形式，同时这种看法把每一只猫都归类到这种动物中。这个就让他得出结论：正如手是工具的工具（我们使用其他工具而用的工具），所以“头脑”是形式的形式。对这一件事的另一种描述就是“头脑”是一个地方，在这里物体的形式成为我们对它们的看法。

“头脑”通过获得事物的形式并把它们和事物的物质分开而形成看法。产生看法和生产东西是完全相反的。生产东西的时候，我们把头脑中的想法赋予这些东西，并按照我们的想法去转化这些东西的物质。而在产生看法时，我们的思想把事物的形式拿出来，把它们变成看法，因此我们理解的事物的本质就是它们有这种或者那种形式。

有了想法或者产生想法应该有别于吃东西。当我们吃苹果时，我们摄入体内的不仅是苹果的形式，还有它的物质。没有物质的形式不会给我们营养。没有形式的物质也不是苹果。但是当我们想到苹果时，我们把它的形式从它的物质中单独拿出来。我们的这种思想活动就会把苹果的形式变成我们对苹果这种水果的看法。

我们到目前所提及的看法或者理解都是对我们感知的物体的看法或理解。这些物体出现在我们的感觉体验里，即使它们不在，我们也能记得它们是这种物体。它们甚至还是我们能想象的物体，就像我们可以想象出一只我们从未见过的狗或者猫，或者梦见一只奇形怪状或颜色怪异的狗一样。

但是基于感觉体验，这时“头脑”开始产生看法，这些看法让我们理解那些我们能感知、记住或者想象的物体，但是“头脑”

的活动远不止于此。我们可以理解很多我们不能感知的思想上的东西，比如好的和坏的、正确的和错误的、自由的和公正的。如果我们不理解它们，如果我们对它们没有形成什么看法，那我们就不可能在本书的前几章讨论它们。

思维始于看法的形成，而看法是在我们的感觉收到信息的基础上形成的。感觉是外界对“头脑”的输入。看法就是“头脑”所输出的东西，是接收输入后的结果。

思维要想走得更远，离不开它所产生的看法，它们之间有密切的联系。它把这些看法相关联、相分离，还可以让一种看法去针对另一种看法。因为思维这种深层次的活动，“头脑”产生了知识，不仅是关于我们感知、记忆和想象的物体的知识，还有关于我们感知体验外的物体的知识，比如算数、代数、几何这类的知识。

感觉既不是真的也不是假的。人就是会有感觉，比如你看到狗是黑色的，汽车是蓝色的。甚至当你的感觉欺骗了你（这种事经常发生），感觉本身也既不是真的也不是假的。比如，那只狗也许是因为在阴影中才是黑的，也许在阳光下，你看它就是灰色而不是黑色的了。当狗在阴影中你觉得它是黑的，你的感觉没有错。但是，从信息本身来看，如果你认为它是黑色的，你也许就错了。错误在于你的思维，不是你的感觉。

英语中所有的普通名词和几乎所有的形容词和动词，都命名了一种我们思想中的对象，就是我们能想到这种对象，我们之所以能想到它是因为我们已经形成了对它的看法。并不是我们能想到的所有对象都是我们能感知、记忆和想象的对象。比如，猫和狗是我们能感知的对象，但是如果我们周围没有通过感觉能感知到的猫和狗，我们依然可以想到它们。另外，我们还能想到原子里面极其微小的粒子物质，尽管我们的感觉不能感知任何那么小的东西，甚至借助最强大的显微镜也不行。

看法像感觉一样，也既不是真的也不是假的。如果我们两人正在说话，我说到一个字“狗”，或者说到一个字“猫”，你的反应不可能是说“是”或者“不是”。我们先假设我们俩对这两个词的理解是完全一样的。我所理解的就是你所理解的，因为对于我俩来讲，它们表达的是同样的看法。当我说“狗”的时候，你和我想的是同一种东西。当我说“猫”的时候也是这样的。

现在假设当我说“猫”的时候，正好屋里有只动物开始狂吠，我冲着它点头或者指着它，这时候你肯定会马上说，“不，那不是猫，那是狗”。当我说出“猫”这个字的时候，同时冲着那个我们俩都能感知到的动物点头或者指着它，那么“猫”这个词就相当于我们在清晰表达“那个动物是猫”的意思。你所回答的“不”字也相当于和“如果你认为那个动物是猫，你就错了。你刚才说的话是错的”这个句子里清晰表达的意思一样。

我们单纯思考猫或者狗这件事，和把站在阴影中的灰狗看成是黑狗一样都不是什么大的错误。只有当我们十分确定地说“那只狗是黑色的”的时候，我们所说的或者想的是真的还是假的这个问题才会出现。“是”这个词必须进入我们的思想，和它在一起的还有另外一个词“不是”。当“是”或者“不是”这两个词进入我们的思想，我们的认知就从只有想法的层次提高到整合想法或者区分想法的层次了。这时候我们就已经达到了一个新的层次，那就是我们形成一些要么是对的要么是错的观点。

还有一些其他的词，比如“和”“如果”“那么”“既然”“因此”“或者……或者……”以及“两个不全是”这些进入我们思想的词是思想的更高层次，这个层次就意味着所做的陈述会让我们肯定另一个或者把它当成错的去否定。

亚里士多德对这三个层次思想的区别呈现在他对“头脑”是如何运转以产生知识的描述中。“头脑”从感觉体验的原材料中形成看法。这些看法又变成新的原材料，从这些原材料中，“头脑”形成判断，这些判断决定有些事会被肯定，有些会被否定。在讲话中，由于单一的思想往往是由单一的词语或者短语来表达的，所以，判断往往是由句子表达的，在陈述句中就用“是”或者“不是”这样的词。

亚里士多德把第三个层次叫作推理或者推断。只要当一个陈述变成肯定或者否定另一个陈述的基础时，“头脑”才会上升到思想的第三个层次。在这个层次中，思考就会为我们所想的提供理由。而且在这个层次中，我们所想的不仅是对和错的问题，还有符合不符合逻辑的问题。

亚里士多德是位伟大的逻辑学家，他建立了逻辑学。逻辑学的第一本书[①]是他写的，这本书多少世纪以来都是标准的教科书，现在仍然具有举足轻重的影响。下一章我们会讨论进行逻辑思维的基本规则。

尽管逻辑思维比非逻辑思维要好，但是不见得逻辑思维得出的结论就是正确的。亚里士多德指出有可能“头脑”所持有的观点是正确的，但是这个观点不见得是经过逻辑思考得出的结果。甚至有时候逻辑思考可能会得出错误的结论。因此，在我们注意了是什么使得思想有逻辑或者没逻辑之后，我们应该要考虑一下是什么使得思想对或者错。

① 此处应指《工具论》这本书。亚里士多德是逻辑学之父，其逻辑学著作很多，后由注释者汇编成书，取名《工具论》。《工具论》主要包括《范畴》《论解释》《前分析论》《后分析论》《论题》《辩谬篇》。——编者注

第十七章

有关逻辑的一些小词

正如牛顿的名字和万有引力定律相连一样，亚里士多德的名字和矛盾律相连。正如看到爱因斯坦的名字就会想到相对论一样，看到亚里士多德的名字就会想到三段论。矛盾律的核心有两个词："是"和"不是"。三段论的核心有两组词"如果"和"那么"、"既然"和"因此"，它们是亚里士多德关于正确推理和非正确推理的描述。

作为思考的法则，矛盾律主要就是告诉我们别做什么。这是一个反对矛盾的法则，这个法则要求我们去避免让自己矛盾，不管是我们说的话还是我们的思想。它告诉我们回答问题不应该同时说"是"和"不是"。换个说法就是，我们不应该同时对一个命题既肯定又否定。如果我说或者我认为柏拉图是亚里士多德的老师，我就应该尽量避免说或者认为柏拉图不是亚里士多德的老师。要是这么说或者这么认为就意味着否定了你肯定的东西。

你也许会问为什么思想的法则这么基本、这么合理？亚里士多德的答案就是矛盾律不仅仅是思想的法则，它还是对世界本身的一种说法，是对我们努力思考的现实的说法。

矛盾律，作为一种对现实的说法，它所说的都是一种常识性的、显而易见的东西。一种东西，不管它是什么，不可能同时既存在又不存在。它要么存在，要么不存在，不可能两者兼而有之。一种东西不可能有某种属性，同时又没有这种属性。我正在看着手里的苹果，就在我看的这一刻，这个苹果的颜色不可能既是红的，又不是红的。

这一点很明显，所以亚里士多德称矛盾律是不证自明的定律。对于他来说，不证自明就是不可否定。不可能同时认为苹果是红的，又不是红的，就像不可能认为部分会大于它所属的那个整体一样。也不可能认为你打过围栏的网球会在远处的草坪里找到，同时又认为因为它不再存在了，所以不可能再找到它。

作为对现实本身陈述的矛盾律是作为思想法则的矛盾律的基础。作为对现实的陈述，矛盾律描述的是事情的方式。作为思想法则，矛盾律规定了我们应该思考问题的方式，如果我们希望我们对于这些问题的思考符合它们的方式的话。

如果有一对表述是相矛盾的，这两种表述就不可能都是对的，也不可能都是错的。一定有一个是对的，一个是错的。柏拉图要么是亚里士多德的老师，要么不是他的老师。要么所有的天鹅都是白的，要么有些天鹅是白的。然而，说有些天鹅不是白的就和所有天鹅都是白的相矛盾了，如果我们说成天鹅不都是白的，就不会和有些天鹅不是白的产生矛盾了。不熟悉亚里士多德关于矛盾命题和反对命题区别的人会对此感到吃惊。

有可能“所有天鹅都是白的”和“没有天鹅是白的”这两种表述都是错的，尽管这两个不见得都对。有些天鹅也许是白的，有些是黑的，在这种情况下如果说所有的天鹅都是白的或者没有天鹅是白的就都错了。当两种说法不见得都对，但是两个都可能是错的时候，亚里士多德称这一对表述是反对命题，而不是矛盾命题。

有这样的一对表述吗？两个可能都对，但是不见得两个都错。有的。根据亚里士多德的观点，表述一，有些天鹅是白的，表述二，有些天鹅不是白的。这两种表述都对，但是不见得这两种表述都是错的。天鹅必须要么是白的，要么不是白的，如果是这样，那么只有有些是白的，有些必须不是白的。亚里士多德把这样的一对表述称为下反对关系的判断。

然而，假设我们不说有些天鹅是白的，有些天鹅不是白的，而说成“有些天鹅是白的”“有些天鹅是黑的”，这样一对表述也是下反对关系的判断吗？不可能这两个都是错的。不，不是。因为有些天鹅可能是灰的，或者绿的、黄的、蓝的。白和黑不是独有的选择。如果说任何有形的物体一定不是白的就是黑的，那么这种说法是不对的。

要是这样的话，把“所有天鹅都是白的”这个表述的反对命题说成“所有天鹅都是黑的”就是不可行的，因为这两个表述可能都不对，并且两个可能都是错的。要表示“所有的天鹅都是白的”的反对命题就必须说是“没有天鹅是白的”，而不应该说成“所有的天鹅都是黑的”。

与“黑”和“白”不同，有些成对的术语，本身就是相对的，确实没有别的选择。比如，所有的整数要么是奇数，要么是偶数，没有第三种可能性。如果一个人所用的术语是唯一的选择，那么就可能不用“是”和“不是”也能表达矛盾命题。已知一个整数是奇数这个表述就和这个整数是偶数相互矛盾，因为如果它是奇数，它就不会是偶数，如果它是偶数，它就不会是奇数，它必须要么是奇数，要么是偶数。

我不能夸大亚里士多德关于表述的规则的重要性，这些表述都是在这三方面中的某一方面相互矛盾的，这三方面是：相互矛盾、相互对立、相互次对立。重要的是遵守这些规则不仅能帮助我们避免做出前后矛盾的表述，还能帮助我们发现别人表述中前后矛盾的地方，因而对别人所说的提出异议，进行挑战。

当和我们说话的人自己前后矛盾或者给出反对命题的时候，我们完全有权利阻止他，告诉他："你不能做出两种这样的表述，这两种不可能都对，你到底想说的是哪种？哪个才是你认为对的？"

尤其重要的是要遵守这样的法则，一般性陈述，即带有"所有的"这个词的句子，可以用一个单独否定产生与其矛盾的句子。与"所有的天鹅都是白的"这个句子矛盾的，我们只需指出一只不是白的天鹅就行。这种单一的否定就能满足这种概括。

科学的概括用这种方法就能验证。"一种科学概括是对的"这样的说法只需要找到没有否定的例子证明它们是错的就可以了。因为寻找否定的例子是一个没有终结的过程，所以一种科学概括永远不能被认为是最终的概括或者说完全被证明了。

人类习惯性地愿意去概括，尤其是想到和他们性别、种族和宗教不同的人的时候。如果他们是男性，他们就会说，而且往往是不假思索地说，所有的女人都是这样、这样的。如果他们是白人，他们就会说所有的黑人都是这样、这样的。如果他们是新教徒，他们就会说所有的天主教徒是这样的或者那样的。这些例子中的任何一个，只需一个否定就足以让这个归纳无效；一个人能找出越多的否定例子，就越容易证明最初的概括是多么随意。

使用反对命题的术语，比如"黑"和"白"，或者"奇数"和

“偶数”，根据一定的规则，就会让另外一组控制我们思想的词发挥作用，它们是“要么……要么”和“两个都不”。比如，我们扔一个硬币来决定一件事，我们知道当硬币落下的时候，它一定是要么正面朝上，要么反面朝上，不会两面都朝上。这是强析取。然而，还有弱析取，就是说某件事要么是这样，要么是那样，也许两样都是，尽管不是在同一方面或者同一时间两样都是。说西红柿要么是红的，要么是绿的，我们可以说，这个西红柿可能既是红的又是绿的，只是在不同的时间段会这样。

析取，尤其是强析取能够让我们做出简单而直接的推理。如果我们知道一个整数不是奇数，那么我们就能马上推断出它一定是偶数。同样，如果我们知道一个整数不是素数，那么我们就能马上推断出它除了被它自身和 1 整除外，它还能被其他的数整除。当看到被抛出的硬币落下后是正面朝上时，我们马上就会知道那个赌反面的人这一轮输了。我们不必把硬币反过来看看以证实这一点。

亚里士多德把这类推断称为直接推理，因为一个人可以马上从一个句子的正确或者错误推断出另一个句子的正确或者错误。这里面不需要一步一步的推理。如果一个人知道“所有的天鹅都是白的”这句话是对的，那么他就马上能知道有些天鹅是白的，而且他还会知道至少有些白的东西是天鹅。

在这种简单的推理过程中，一个人可能会犯错误，而且会经常犯错误。比如从所有的天鹅都是白的这个事实出发，有些白的东西是天鹅这个推断就是正确的，但是如果推断出所有白的东西都是天鹅就不对了。

亚里士多德把这种不正确的推理称为不当换位。白色物体的范畴比天鹅的范畴要大。天鹅只是世界上白色物体的一部分。错误地认为因所有的天鹅都是白的，所以所有的白色物体都是天鹅，这种错误是把两个范畴认定为有同等的范围，但实际上它们并不是这样的。

有两组词可以用于直接推理，也可以用在更复杂的推理过程中。这两组词是“如果”和“那么”与“既然”和“因此”。为了表达直接推理（那种由所有天鹅都是白的而做出的一些天鹅是白的的推理）的逻辑正确性，我们说“如果所有天鹅都是白的，那么一定会得出一些天鹅是白的”这样的结论。为了表达不当换位的不正确性，我们说“如果所有的天鹅都是白的，那么一定不会得出所有白色物体都是天鹅”这样的结论。

这两种“如果……那么”的句子是关于逻辑正确和逻辑不正确的推断。值得注意的重要一点是，这两句逻辑正确和逻辑不正确推理的句子所表达的事实没有在任何方面依赖由“如果”和“那么”连接的句子所表达的事实。

所有天鹅都是白的这句话也许实际上就是错的，但是推断出有些天鹅是白的，这个逻辑上依然是正确的，如果，仅仅是如果，所有的天鹅都是白的。即使说所有的白色物体都是天鹅这句话实际上是对的，而不是错的，从所有天鹅都是白的推断出所有白色物体都是天鹅在逻辑上也是不对的。

在关于“如果”和“那么”的许多用法中，“那么”后面往往跟着“一定会得出”或者“一定不会得出”来表达我们对正确推理和不正确推理的认识。“既然”和“因此”又是怎么回事呢？如果我们用“既然”和“因此”代替“如果”和“那么”，我们实际可以推断出我们只说“如果”和“那么”时所没有推断出的结论。

我们还用我们一直在用的那个例子，关于天鹅和白色物体我没有用所有的“如果……那么”的句子去做真正的推理。直到我说出“既然所有的天鹅都是白的，因此一定有一些天鹅是白的”这句话时，我才做出真正的推理。我确定所有的天鹅都是白的这句话能让我确定有一些天鹅是白的。

只有当我借用“既然”和“因此”做出这样的确定性推理时，第一句话的对与错才会影响到第二句话的对与错。我的推理也许在逻辑上是对的，但是我推理的结论也许实际上是错的，因为我用的第一个句子用到了“既然”，所以这个句子事实上就是错的。事实也许是没有天鹅是白色的，如果这样的话，结论说有些天鹅是白的就是错误的，尽管逻辑上这么做是对的。

当我说“如果所有的天鹅都是白的……”，我实际上只是说“如果所有的都是”，我并不是说“所有的都是”。但是当我说“既然所有的天鹅都是白的……”，我说的就是“所有的都是”。要是我做出的这个断言是正确的，那么我断言“一些天鹅是白的”也应该是正确的。

刚才说的关于亚里士多德的直接推理法则能帮助我们简单总结构成他的三段论的推理法则。下面是一个三段论的范例。

大前提：所有的动物都终有一死。

小前提：所有的人都是动物。

结论：所有的人都终有一死。

下面让我们再分析两个三段论推理的例子——从大前提和小前提到结论的例子。首先这个推理逻辑上是无效的，因为它的小前提是错的，所以它的结论是错的。

大前提：天使既不是男的也不是女的。

小前提：有些男人是天使。

结论：有些男人既不是男的也不是女的。

下面这个结论逻辑上是正确的，因为它的两个前提都是正确的。

大前提：哺乳动物不下蛋。

小前提：人是哺乳动物。

结论：人不下蛋。

考虑这三个不同的推理类型，我们马上就可以发现三段论的推理比直接推理要更复杂。直接推理时我们可以马上从一个简单的句子推断出另一个简单的句子，这两个句子有相同的术语。在三段论的推理中，前两个句子中有三个不同的术语，从这两个句子推出的结论中有三个术语中的两个。

上面提到的第一个例子，在大前提和小前提中出现的三个术语分别是“动物”“人”和“终有一死”。结论中的两个术语是“人”（这个术语出现在小前提里）和“终有一死”（这个术语出现在大前提里）。通常三段论的推理就是这样的，而且通常是在两个前提中都出现的第三个术语（“动物”）在结论部分不会出现。

亚里士多德把大前提和小前提中都出现的术语称为中项。中项在结论中不出现是因为它的作用主要是在推理的过程中。它的作用就是把另外两个术语结合起来，它在那两个术语之间起调节作用。这就是为什么亚里士多德称三段论推理与直接推理不同，它是有调节作用的。在直接推理中，因为没有必要去调节，所以也就没有中项。

我也不想特别去指出在上面给出的三个三段论推理的例子中它是如何起作用的，你自己就可以去分析。下面这些是你唯一需要注意的另外一些法则。第一法则，如果大前提或者小前提是否定的（如果句子用的是“不是”而不是“是”，或者用的是“全都不”而不是“全部”），那么结论也一定是否定的。如果两个前提中的一个是否定的，那么你不可能得出一个肯定的结论。

第二个法则就是中项一定要起联系的作用。下面这个例子中，中项就没有起到它的作用。

大前提：人天生就不是驮兽。

小前提：骡子天生就不是人。

结论：骡子天生就不是驮兽。

事实上不仅结论不正确，而且逻辑上它就是个不正确的结论。一个肯定的结论一定来自两个肯定的前提。从两个否定的前提不能有效地得出一个结论。原因就是大前提中的否定把所有人都排除在天生就是驮兽这个范畴之外了；而小前提中的否定把所有的骡子都排除在人的范畴之外。因此我们不能正确地做出任何关于骡子这个范畴和天生就是驮兽这一范畴的关系的推理。

上面给出的这个例子很有意思，因为它的大前提和小前提都是正确的，而结论从逻辑上没有跟随它们，结论是错误的。还有另外一种情况，那就是事实上有可能两个前提都是错的，从这两个前提按照逻辑得出的结论也是错的。比如：

大前提：父亲都没有女儿。

小前提：所有已婚男人都是父亲。

结论：已婚男人都没有女儿。

所有这些例子（还有很多类似这样的例子值得我们去再思考）告诉我们的是，有些事情已经被指出，也许值得再反复强调。不管事实上前提和结论是对还是错，推理也许从逻辑上是正确的。只有事实上两个前提都对的情况下，从它们逻辑上推出来的结论实际上也才能是正确的。

如果有一个前提是错误的，那么从这两个前提逻辑推理出的结论也许是对的，也许是错的。我们也说不好它是对的还是错的。另一方面，如果事实上从特定的前提逻辑推理出的结论是错误的，那么我们就能推断出这两个前提中有一个或者两个都是错误的。

这就引出亚里士多德所指出的推理的一个更重要的法则。在三段论推理中，像直接推理一样，推理的效度由“如果”和“那么”表现出来。三段论的推理中，我们说如果这两个前提是正确的，那么由它们逻辑推理出的结论也是正确的。但是这时我们还没有断定前提的正确性，我们仅仅断定了从前提到结论的推理效度。只有当我们断定了前提的正确性，用“既然”代替“如果”，我们才能用“因此”代替“那么”来断定结论的正确性。

我们现在关注的这个法则有两部分。一方面它认为如果我们断定了前提的正确性，我们就有权利断定结论的正确性。另一方面，如果我们否定了结论的正确性，我们就有权利质疑前提的正确性。我说的是“质疑前提的正确性”，不是“否定前提的正确性”，是因为当我们否定结论正确性的时候，我们仅仅知道的是要么一个前提是错误的，要么也许两个前提都是错误的，但是我们并不知道到底是哪种情况。

刚刚提到的双刃剑规则尤其适用于亚里士多德称为假设推理的这种推理。它通常包括四个术语，不是三个术语。

亚历山大·汉密尔顿在一份《联邦者》的报纸中说：“如果人们都是天使，那么政府就没有必要存在了。”如果说完这个之后，汉密尔顿继续去否定人们都是天使，接下来就不会有任何结论。否定了“如果”引导的这句话（在假设推理中被称为前情）并不会让你有权利去否定“那么”引导的那句话（它被称作结果）。

然而，汉密尔顿显然认为对于一个人类社会，政府毋庸置疑地是有必要存在的。因此他才能毫不迟疑地否定了人都是天使。他这么做也许是对的，因为否定假定推理中的结果（或者“那么”引导的句子）确实可以让你有权去否定前情（或者“如果”引导的句子）。

汉密尔顿找到的真相用一个简单的复合句也能表示，它把背后的推理隐藏起来，而不是显露出来。这个复合句是这样的：“因为人不是天使，所以政府对于人来说是有必要的。”这句话中没有表达出的推理包括一系列的句子，比如关于人和天使之间的区别，关于使政府成为人类社会必需的人类的特殊特性。亚里士多德把这种省略或者隐藏不可或缺的前提的压缩句子称为省略推理法。

第十八章
实话实说，仔细斟酌

在前文中使用过“真相”（truth）这个词，因为那些章节是关于“心”是如何工作的以及关于思维和认知的，很自然会用到真相和错误这两个词。当我们知道一件事时，我们所知道的就是这件事的真相。当我们努力做到正确和全面思考时，我们的努力就是要得到真相。

我觉得我们完全可能用到“真相”和“错误”（或者“真”和“假”）这两个词而不用去解释它们是什么意思，因为每个人都知道它们是什么意思。它们是大家常用的普通概念。“真相是什么”这个问题不是一个很难回答的问题。当你明白了真相是什么之后，我们可以看到真正的难题出现了：我们怎么能够辨别一句话的真假?

作为一种对常识的了解，我之所以说每个人都知道对和错的原因，是因为大家都知道怎么说谎。我们每个人都在某种场合里说过谎，每个人都知道说谎话和说实话的差异。

让我们假设一下，我认为某个饭店在星期天是不营业的。一个星期天的上午，你问我那个饭店晚餐时是否开门，我告诉你它开门。现在让我们先别在意我为什么和你说谎的原因。我的谎言主要是我说的和我想的是相反的。我说那个饭店晚餐时是营业的，而我同时认为它是不开门的。

当你认为“不是”的时候说“是”，或者当你认为“是”的时候说“不是”，你就是在说谎。说实话正好和这个相反。说实话就是当你认为“是”的时候你说“是”，当你认为“不是”的时候就说“不是”。

一位20世纪初在哈佛大学教学的美国哲学家很机智地评论说，一个说谎的人就是故意放错本体论谓语。“是”和“不是”就是他所说的本体论谓语。换句话说，一个说谎的人就是故意用“是”代替“不是”，或者用“不是”代替“是”。那么说实话就是一个人所说的话和他所想的是一致的，说谎就是一个人所说的话不是他所想的，而是和他想的相反。

正如我刚才所说的，这一点每个人都懂。而我所做的就是把它们讲清楚，尽可能解释地像每个人理解得那样清晰。我这么做是要为亚里士多德关于什么让我们的思想对或错这个问题给出的简单明了的常识性答案做准备。

他的答案是，就像和另一个人说出真相就是你想的和你说的是一致的，正确的思维就是你想的和你正在想的是一致的。比如，有人问我克里斯托弗·哥伦布是西班牙人还是意大利人，如果我认为他是意大利人，我就想对了，而如果我认为他不是意大利人，我就想错了。

这个例子足以让我们理解亚里士多德对于是什么让我们想对了或者是什么让我们想错了这两种想法的解释。我们想对了（或者我们的头脑中有真相）就是我们认为它是那样，它就是那样，或者它不是那样，它就不是那样。我们想错了（我们头脑中有错误的想法）就是我们认为它是那样，可它不是那样，或者我们认为它不是那样，它却是那样。

与别人讲真话，就是我们与别人所说的和我们实际想的是一致的。想对了，就是我们所想的和真正的实际是一致的。真相就是思想和现实之间的联系。

我们大部分的思想是用文字表达的，不管我们是自言自语，还是和别人说话，或者以某种形式把我们的思想记录下来。我们口头表达的思想要么都是对的，要么都是错的。亚里士多德指出，问题既不是对的也不是错的，我们对别人的要求也是这样的，我们发出的命令也是这样的。只有陈述句，即句子里有“是”或者“不是”这样字眼的句子，或者可以用带有这样字眼的词释义的句子，是对的或者错的。

想想亚里士多德理解的一句话之所以正确是因为它和事实保持一致，你就不会对上面提到的感到吃惊了。陈述句是唯一努力描述事实的句子——就是描述出事情原本的样子。只有这样的句子才能做到如下两点：要么能呈现事情原样，要么不能呈现事情原样。如果它们做到了，它们就是对的；如果它们没做到，它们就是错的。

这么看来，规定性陈述句而不是描述性陈述句，就不可能要么是对的要么是错的了。规定性陈述句就是规定你或者我应该做什么。如果我们想法的对与错在于我们的判断，不管是肯定的判断还是否定的判断，只要它和事情是这样或者不是这样是一致的就行，那么怎么去判断下面这个句子到底是对的还是错的呢？“我应该投入更多的时间去读书，少把时间花在玩游戏上”这个句子的对错怎么判断呢？

能回答这个问题至关重要。如果这个问题没有答案，那么关于“我们一生应该去追求的目标”这句话以及“为了达到目标我们应该采用的手段”这句话就是既不是对的也不是错的了。

关于追求幸福（本书的第三部分），我们从亚里士多德那儿所学的一切，作为他对这一切所表达的观点，仍然是非常有趣的。但是他不能说，同时我也不能说他建议的就是真理，他的建议都是关于为了实现人类的幸福生活我们要努力做什么，这种幸福生活是我们从道义上有责任去实现的。

亚里士多德显然认为，他关于美好生活和如何获得美好生活的说教是正确的。所以他对于包含“应该”或者“应该不”这样字眼的句子的正确性这个问题一定早有了自己的答案。是的，他的确有了答案。他说正如描述性陈述句如果符合现实，或者和现实是一致的，那么它就是对的。同样，规定性陈述句如果符合合理的需求，或者与合理需求一致的话，它就是对的。

那么什么是合理需求呢？合理需求就是一个人需要他所需要的东西。一个人需要什么呢？需要一切真正对他好的东西。什么是真正对一个人好的东西呢？一切满足人需求的东西都是。

“一个人应该需要一切真正对他或她好的东西”这句话是一句不言自明的真理。它之所以不言自明，就和我们知道“部分一定小于它所属的那个整体”这句话是一样的。正如我们不可能认为部分会大于它所属的那个整体，或者整体小于它包含的任何一部分一样，所以我们也不可能认为我们应该不会需要一切对我们好的东西，或者我们应该需要一切对我们真正不好的东西。

在人类的需求之中有一种需求是对知识的需求。知识是人类拥有的真正好的东西。既然合理的需求就是我们应该需求的东西，那么我们应该需求知识就和我们合理的需求相一致了。根据亚里士多德的规定性陈述如何是对的这一理论，因为它符合合理的需求，所以它是对的。

对于回答我们如何能辨别一句话的对错这个问题，我们刚刚朝着答案走出了最简单的一步。“一个有限整体大于它的任何一部分”这句话从表面上揭示了真相。一旦我们明白了构成这句话的术语“整体”、“部分”和“大于”，我们立刻就明白了这句话是对的。如果不是同时理解整体大于任何一部分，就不可能理解整体是什么，部分是什么，大于的关系是什么。

像这种不言自明的例子我们也举不出太多。其中一个例子就是真正好的应该就是需要的。但是这个道理不像整体和部分那个道理展现得那么明了，因为人们更容易理解整体和部分的关系，比理解真正的好东西和表面的好东西的区别更容易，也比理解应该需要什么和实际需要什么更容易。

我们有时候会说那些不言自明的句子不是不言自明的。我们这么说是希望把它们作为普遍真理推荐出去，没有任何争议地被接受。托马斯·杰斐逊在写《独立宣言》的时候正是这么做的，他写到“我们认为这些真理是不言自明的：所有人生而平等，上帝赋予他们特定的不可剥夺的权利”等。这些声明可能已经被宣言的签署者和其他人接受并认为是真理，但是可能有必要用一个相当长期的讨论来确定其真实性。

我刚才所说的指出了判定一句话对与错的另一种方法。如果它的正确性不是不言自明的，它的真实性也许可以通过辩论或推理而得出。根据亚里士多德的观点，一些话的正确性可以通过这种方法来表明。表明或者证明一句话的正确性需要两个条件。一个是推理所用的前提的正确性，另一个是推理本身的正确性或者有效性。

有这样一句话，“美国比纽约大”，要实现这句话的正确性，就需要两个前提。一个是“整体大于它的任何部分”，另一个是“美国是整体，纽约是它的一部分”，从这两句话可以得出美国大于纽约的结论。前提是正确的，由它得出的结论也是正确的。

正如我们所了解的句子很少有不言自明就正确的，所以我们知道从正确的前提经过有效推理得出的结论是正确的这样的句子也是很少的。大部分能表达我们想法的句子的正确性都不太容易被确定。在多数情况下，对于一句话的对错，我们会保持怀疑的态度。我们能够消除怀疑，主要是通过我们自己的感觉体验所带给我们的证据。

比如，如果我们想知道一栋楼层是十二层还是十五层，消除疑虑的办法就是仰头数楼层。只需简单地观察一下，就能告诉我们关于楼层数的这句话是对还是错。

观察是决定一件事正确与否的一种方法，往往这些都是我们通过感觉能觉察到的事。你也许会问我们是否能相信我们的感觉。其实不总是这样的，但是检验我们自己观察的对不对，主要是通过别人的观察来对我们的观察进行肯定或者证实。

例如，通过我自己的观察，我得出的结论就是汽车撞到墙上主要是因为车速过快。为了证实我说的是真的，需要向这一次事故的其他目击者求证。如果他们说的和我说的一样，有可能真的是汽车撞墙的时候车速过快，越多的目击者证明这一点，这种说法就越可信。

有可能是真的一件事和我们确定是真的一件事具有相同的真相。要么是车速过快，要么不是。关于它速度的说法，要么是对的要么是错的。当我们说这个说法有可能是对的时候，我们并没有估算它正确的程度。我们只是确定我们认定它是正确的程度。

可能性的程度不能衡量一件事的真实性，但是我们决定它的真实性的肯定程度可以衡量。我们确定以及肯定的真相和我们仅仅是认为可能的真相都一样，前者可以用整体和部分的真理来举例子，后者可以用撞墙的车的速度举例子。

有些目击者有资格举证，因为他们的观察能帮助我们决定事情的真相，但是有些人没有资格。比如，我自己观察后得出结论，我说我手上戴的戒指是金的。实际上也许它只是看上去是金的，而可能它只是镀金的。没有辅助性的观察，如果不是不可能，就是很难判断它到底是不是金的。即使是一位经验丰富的珠宝鉴定师，如果只是让他看看或者摸摸这个戒指，他也不可能给出他的观点。珠宝鉴定师知道有很多种方法能决定看上去像是金的东西的真正材质。可以给戒指做个相关的测试，看看结果，作为专家级的鉴定人，珠宝鉴定师就可以判定关于戒指最初的陈述是对的还是错的。

到目前为止，我们讨论了一些具体物体的表述——关于某栋楼房的层数、关于某辆汽车的速度、关于某个戒指的金属成分。这些表述的真实性都可以通过观察来鉴定。有时候，不管是我们自己的观察结果还是别人的观察结果，都可以让我们相对确定所考虑的表述的真实性，但是有时候我们并不太肯定它的真实性。

有些不言自明就正确的表述或者经过有效推理得出的正确表述，对于它们正确性的肯定几乎不可能从观察中得到。我说的是“几乎不可能”而不是“绝不会”，这是因为根据亚里士多德的观点，对于一些可观测物体的简单表述显然是正确的，就像那些不言自明就正确的普通表述一样。我现在正在用打字机打这句话，我的打字机里有一张纸，这件事对我来说就是显而易见的。我不需要别人来见证以确定我对这件事表述的真实性。我对于这件事的肯定就像我肯定整体和部分的关系一样。

从我们自己的经历来看，我们身边有大量的我们称为概括的表述，比如“所有的天鹅都是白的”和“所有的因纽特人都矮”。因为我们不可能，而且任何人都不可能观察到所有天鹅的颜色，或者所有爱斯基摩人的身高，所以观察本身就不能确定这些概括的正确性。

许多观察也许会说服我们相信概括可能是正确的。观察量越大，我们越可能被说服。增加数量只可能增加可能性，决不能导致对概括正确性的肯定。

但是我们能确定有一个概括是错的，即使我们从来没确定过它是对的。在前一章我举过这个例子“有些天鹅是黑的”或者这个例子“我正在看的这只天鹅是黑的”就和“所有天鹅都是白的”相矛盾。相矛盾的表述不可能都对。我观察到的事实是这只天鹅是黑的，这句话证实所有天鹅都是白的这个概括是错误的。根据这一个观察，我就确定地知道这个概括是错误的。

我们怎么能辨别表述的对与错呢？关于这个问题亚里士多德的答案可以总结成这样：要想判定对错，我们一方面要求助于经验，另一方面要借助推理。观感是检验一个被质疑的表述正确与否的一种方法。除此之外，亚里士多德还建议我们做出决定之前多考虑一下别人的观点，比如大部分人的观点、少数专家的观点或者一些智者的观点。

第十九章
超出合理困惑

陪审团可以按照法院设定的两套标准提交裁定。对于法院提交给陪审团的事实问题，有时要求陪审团给出一个毋庸置疑的答案；有时，如果陪审团的回答具有压倒性的证据的支持也是足够的。

亚里士多德对我们回答各类问题的方式做了一个类似的区分。像陪审团给出的毋庸置疑的答案，我们有时可以用知识性的陈述来回答问题。当我们的答案不是由知识构成时，亚里士多德把它们称作观点。观点在一定程度上接近知识是由于观点有证据的支持。在这个天平的另一端，是那些完全不受证据支持的观点。

亚里士多德对知识和观点的区分十分苛刻，可能太苛刻了，以至于我们要是没有资格都很难接受。对于他来讲，我们如果有知识，我们知道的就是由必要的事实组成的。我们对这样的事实坚定地给予肯定，是因为它们是毋庸置疑的。比如我们不会质疑一个有限的整体大于它的任何部分。如果有个东西是个有限的整体，那么它一定比它的任何一部分都大。不可能不是这样的。

这种不言自明的事实包括的一个例子是亚里士多德所指的知识。另一个例子是由那些不言自明就正确的前提所有效展现的结论构成的。当我们肯定这样的结论时，我们不仅知道它们确定是真的，我们还知道为什么它们确定是真的。知道了它们确定是真的原因后，它们所确定的就不可能还有其他结果。那么现在我们就拥有了必要的事实。

在亚里士多德生活的那个年代，他认为数学，尤其是几何学，是高级知识的例证。今天我们对数学的观点不同于亚里士多德。然而数学比其他任何一种科学都更接近去例证亚里士多德所指的知识。

考虑到几何学的真实性，我们就可以理解亚里士多德对知识和观点所做的另外一个区分。他说有两种方法可以肯定几何证明的结论。会做证明的老师可以借助推理证明来确定结论，我们说这个老师是有知识的。相对而言，学生们不懂得证明，他们之所以认为结论是正确的仅仅是因为老师说它是正确的，他们其实没有推理证明这方面的知识。即使事实本身是一个必要的事实，你要得到别人对你证明的结论的认可，就需要把它当作观点而不是知识去展示。对于我们大多数人来讲，我们所熟悉的科学事实就是得到科学家认可后的我们所持有的观点，而不是我们自己拥有的知识。

我们发现这种区别知识和观点的方法更有用，也更容易被接受。我们知道仅仅有非常少的表述是必然正确的，因为它们是不言自明就正确的，与它们相反的就不可能。所有其他表述表达的观点也许对，也许不对。尽管亚里士多德把所有这类表述称为观点的表述，我们看看是否能把观点分为两组，其中一组和亚里士多德所指的知识相似。

我们持有的观点要么被推理或观察支持，要么不被支持，比如，我有一个观点仅仅是因为别人告诉我它是对的，我自己没有任何其他的理由认为它是正确的，所以它对我来说只是观点。事实上这种表述也许是正确的。这不会让它仅仅是观点的程度更少一些。我们一直在关注如何确定观点的对错，我现在除了别人的权威以外，没有合理的依据来认定它的正确性。

我们每个人都有很多个人的偏见，我们认为正确的东西仅仅是因为我们想相信它们是真的，其实我们并没有什么合理的理由。相反，我们只是情感上愿意这样想。比如，人们经常认为他们自己的祖国是世界上最好的国家。这也许是真的，也许不是真的。说它是真的，甚至可以引用一两个例子或者给出这么认为的理由。他们只是希望去相信它是这样的。

一个人在情感上被这种主观意愿的想法所左右，这样的表述就是纯粹的观点。其他人也许从情感上被正好相反的观点所左右。这种观点和那种观点，两种观点也许完全相反，也许都是没有理由或者原因支持的。所以这种观点和那种观点都一样。

说到纯粹的观点这件事，每个人都有权选择自己倾向的观点——自己从情感上得以联系的观点。关于这样的观点，没什么可争议的，至少没有理由去争议。这种观点就像个人对食物或者饮品的口味偏好要求一样。比起菠萝汁，你可能更喜欢喝橙汁，而我可能更爱喝菠萝汁，不喜欢橙汁。你有权利有你自己的喜好，我也有权利有我自己的喜好。没有意义去争论我们谁的喜好更好。

只有当我们的不同观点不是刚才我们提到的纯粹的观点时，观点的不同才有争论的必要，也就是这些观点不仅仅是个人偏好、个人品味或者只是我们希望相信的事。

比如，我有充足的理由认为当我们用尽了煤或者石油这样的矿物燃料后，利用太阳能会给我们提供足够的能源。你也许有充分的理由认为太阳能不能解决这个问题。另外，我们每个人都能引用一些对能源资源仔细研究后得出的数据。没有人能说服别人。然而我们所持有的观点，我们所持有的不同、有争议的观点在我们看来不是纯粹的观点。

让我们假设我们自己都没研究过能源问题。关于这个问题我们只是读过别人写的东西。我们所持的相反的观点是基于别人的权威。让我们进一步假设你是这一领域比较权威的专家，或者说是别人信赖的权威人士、绝对的专家。亚里士多德会说，你有更强的说服力。在他看来，要么是大多数人持有的观点，要么是大部分专家持有的观点，或者是专家中有最高级别的人持有的观点，才有可能成为比较好的观点。

当我们持有的观点是基于科学证据和科学推理的时候，我们越来越接近亚里士多德所指的知识了，我们就离纯粹的观点越来越远了。在我们这个时代，那些由大量证据支持的观点和由最靠谱的推理所支持的观点就是科学家们所认为的知识。

它却不是亚里士多德所认定的术语中的知识，因为随着科学的进一步发现，更多的证据偏向了相反一方的观点，所以我们现在宣称我们知道的观点以后也许会成为两个对立的观点中不是更好的那个，或者经过进一步的科学思考，发现有更好的理由去支持那个相反的观点。我们现在所知道的科学结论没有一个是最终正确的结论，也就是说，没有一个是完全正确的，没有一个是通过进一步的调查和思考不可能再被更正的最终的结论。

我们认为，科学结论的对立面总是有可能存在的，因为没有一个科学结论本身是必须正确的。然而，许多世纪以来，大量的科学结论得到大量有力证据和经得起挑战的推论的支持。事实是，这些新的发现可能会减少反对这些结论的人，或者对于这件事新的思考会在很大程度上挑战支持这些观点的理由，这两个事实都不会阻止我们去认为这些结论是完善的知识，至少目前是这样。

由目前我们所拥有的大量证据和最佳推理所支持的科学论断是我们有权认定为知识的唯一观点吗？不。哲学论断也可以是我们有权认定为知识的观点，因为它们有合理的推理和证据支持，而不是被这些推理和证据反对。

哲学思想的结论和科学研究的结论有什么不同？答案就是这两个词："思想"和"研究"。科学结论是基于科学家进行的调查研究，不管是在实验室内还是实验室外进行的。为了得出这些结论，科学家们的思考本身是绝对不够的。这种思考一定是对于周密计划和认真执行的研究或者调查的观察和结果所进行的思考。

相对而言，哲学思想得出的结论是基于日常经历，这种经历是我们每个人日常生活中不用做研究都能经历的，不用刻意去开展经过周密计划的调查研究。哲学家不进行研究，他们不设计实验，也不展开调查。

关于日常经历的哲学思想始于大部分人都持有的常识性观点。哲学思想改进了这些常识性观点，它更能让人反思，让人更善于分析。这件事就我来看，得出最好最优的结论就是我所称为的亚里士多德的不寻常的常识。

无论是科学结论还是哲学结论，通常都是对我们经历的概括，要么是通过研究或者调查得到的特殊经历，要么是不经过调查或者研究得到的经历，即我们每个人都有的日常经历。正如我们在前面的一个章节中提及的，一个单一的否定性的观察就会让我们的概括变成错误的。对于哲学概括和科学概括都一样适用。一种概括没有被证明是错误的时间越久，我们就越有权利把它当成既定的知识，尽管我们绝不能把它当作终极正确的知识，就是那种不可能再被修正或者不可能被拒绝的知识。

哲学结论不受调查或者研究结果的影响，它基于普遍经历但不是特殊经历所得出的结论，这是两千多年前亚里士多德得出的结论，在今天的哲学知识领域依然能够宣告其应有的地位。自从他的那个时代到现在，我们的普通经历都没有证明它们是错的。

亚里士多德那个年代被接受的大部分科学结论现在都已经被抛弃或者被修正。它们要么是被后来的研究发现证明是错误的，要么是被更好的思想、更好的观察或者更仔细的调查研究所修正或者改进。

并不是所有的被认定为既定知识的观点都呈现出通过经历所得出的科学概括或者哲学概括这种形式。历史调查或者研究得出关于一些特殊事实的结论，如一些事件发生的日期，一些个人变成统治者的过程，导致一场战争爆发的条件等。

现在，就科学而言，科学研究就是积聚历史学家们所思考的证据，而且根据他们的思考，把他们认为得到大量证据和充分理由支持的结论向前推进。用这种方法得出的历史性的结论就可以被认为是被认可的知识，尽管以后的研究还有可能改变我们现在对这件事的看法。

现在我们明白了至少有五种不同的知识，但是其中只有一种从严格意义上讲是亚里士多德所指的知识。这种知识就是当我们明白了那些不言自明的真相时所掌握的知识。另外四种知识分别是：a.有充分根据的数学思想观点，即数学家们所证明的结论；b.得到确认的科学研究或者科学调查的概括；c.基于普遍经历的哲学观点和被哲学反思细化的常识的哲学观点；d.历史学家用历史研究支持的特殊事实的观点。

这四种观点从理由和证据上都不是特别确定，不能保证它们不被以后的进一步思考或新的观察证明是错的或者被修改。但是这四种观点在一定程度上讲也是知识，至少在特定的时间段内，有证据支持它们，有推理保证它们暂时不会受到挑战。

第五部分

难解的哲学问题

第二十章

无穷

难解的哲学问题是那些借助普通的经历和利用常识都不可能回答的问题。要想回答它们需要持续的反思和推理。

这样的问题是怎么出现的呢？对亚里士多德来讲，它们的出现，一部分原因是对他自己的哲学思想发展出来的常识的精炼，另一部分原因是为了回应他那个时代的其他人的观点，他自己提出的问题。

在亚里士多德之前的众多研究自然的学者中，有两位是希腊物理学家，一个叫留基伯[①]，另一个叫德谟克里特[②]，是他们第一次提出了原子理论。根据他们的理论，自然世界中的一切都是由那

① 留基伯（约前 500—约前 440 年），古希腊唯物主义哲学家，原子论的奠基人之一。德谟克里特的老师。——编者注

② 德谟克里特（前 460—前 370 年），古希腊伟大的唯物主义哲学家，原子唯物论学说的创始人之一。——编者注

些微小的、看不见的物质微粒组成，这个世界是和那个空洞的世界分开的。那个空洞的世界是完全没有物质的空间。他们把这些微粒称为原子，说明这种物质单位不仅非常小，而且是绝对小的。在他们看来，没有比原子更小的东西存在了，因为每一个原子都是物质不可再分的最小单位了，不可能再把它们分成更小的单位了。

根据德谟克里特的观点，原子和原子在大小、形状和重量上也互不相同。它们在不断地运动并且从数量上看它们是无穷无尽的。

面对这样的理论，亚里士多德提出两项异议。首先，他对原子理论的核心概念提出挑战。亚里士多德质疑，如果一个原子里面没有空间，它是物质的固态的单位，那么它就不可能不可分割、不可分离。要么原子里面有空间，如果是这种情况，它就不是一个单位的物质了；要么它没有空间，物质是持续的，这种情况下它就是可分的。

我们可以通过找出比原子大的东西来阐明这个推理。我手里拿着一根火柴棍，我把它折成两截木棍。现在这两截木棍中的任何一截都是物质的独立的单位，它们不再是一根木棍，也不可能被分成两截了。但是，这两根木棍还可以继续被折断，一直持续，没有尽头。

亚里士多德坚持认为，无论什么，只要是持续的就是无限可分的。只要是一个整体的任何东西，物质的一个独立的单位，它一定是可持续的。如果它不是这样，那它就不是一个单位的物质，可能是两个或更多的单位。通过这个推理，亚里士多德认为他展示了根本就没有原子这件事。如果每一个微粒都是一个单位的物质，是一个整体和持续的单位，可能会有非常小的单位物质，但是不管这些微粒多么小，它们还可以被分成更小的微粒。

其次，亚里士多德反对世界上有无限数量的原子这个观点。这个数量可能非常大，大到数不过来，但是它也不是无穷无尽的，因为亚里士多德坚持说，实际上任何时候无限数量的事情都是不能共存的。

针对他那个时代的原子论哲学，亚里士多德提出的这两点质疑刚开始看显得有些不太一致。一方面，亚里士多德好像是说物质的任何连续的单位一定是无限可分的。另一方面，他又好像在说任何时候都不会有无限数量的单位存在。他难道不是既肯定无限的存在又否定它的存在吗？

亚里士多德思想特点的特性就能解决这个明显的矛盾命题。我们在本书前面的章节（见第七章）中已经遇见了这个特性，它就是潜在的和现实的区别，有可能是（但不是）和实际是这两个之间的区别。

亚里士多德认为可能会有两个无穷存在，两个都是潜在的，两个都不是实际的。一个是加法的潜在无穷，一个是除法的潜在无穷。

加法的潜在无穷可以通过整数无穷的例子表现出来。从 1、2、3、4 一直数下去，没有任何一个整数是最后一个数。在整数中随便取出一个数，不管它有多大，下一个数总会比它大。很可能这样一个数字一个数字地加下去不会有尽头。但是，这也只是有可能，你实际上不可能真正地把这个加法过程完成，因为要这么做就要花上无限的时间，一个没有结点的时间。

在下一章我们会看到亚里士多德其实不否定时间的无限性。相反，他确定世界的永恒，世界既没有起点也没有终点。但是无限的时间在任何时候都不存在。就像无限的整数一样，它只是一个潜在的无穷，不是现实的无穷。

同样，除法的无穷也是潜在的无穷，不是现实的无穷。就像你可以一个数一个数地加起来没有尽头一样，你也可以持续不断地去除、去拆分任何东西，也没有尽头。整数 2 和 3 之间的分数的数量是无穷的，就像整数的数量是无穷的一样。然而这两种无穷都是潜在的，不是现实的。实际上它们在任何时候都不存在。

亚里士多德坚称，现在或者是任何时候在实际上都不可能有共存事物是无穷的，如果原子哲学论的观点是正确的，那也许还有可能。那些原子论者认为大家必须要记住，就在此时此刻，实际上有无穷数量的原子共同存在。这一点本身就是亚里士多德所否定的。

他的推理如下。现实中共存事物的数量要么是确定的，要么是不确定的。如果它是无穷的，那么它就是不确定的。但是没有任何东西既是实际存在的又是不确定的。因此不可能有任何一种实际存在的无穷——包括共存的原子实际上的无穷数量、一个现实的无穷世界、一个充满着实际存在的单位物质的无穷空间。

根据亚里士多德的观点，唯一可能存在的无穷就是涉及加法或者除法的无尽的过程中的潜在的无穷。另外，因为时间有前后，两个时间点不可能同时共存，所以时间可以是无穷的。

第二十一章

永恒

亚里士多德认为，时间可能是无穷的，因为时间是由一系列前后相连，但实际上又不同时共存的时间点构成的。一个时间点结束了，下一个时间点紧接着出现。因为这个过程可以永久地持续不断，所以可能会有无穷数量的时间点或者时刻存在。

时间可能是无穷的，但实际上是这样吗？如果是这样，那么现存的这个世界就没有尽头。即使它有了开始，没有终结点它也可以持续，因为时间是没有尽头的，总会有下一个时间出现。

亚里士多德还有进一步的思考。他不仅认为时间没有终点，还认为世界没有起点也没有终点。如果世界既没有起点也没有终点，那么时间在两个方向都是无穷的。没有任何一个时间点不是接续着前一个时间点的。没有任何一个时间点后面没有另一个时间点接应的。

为什么亚里士多德认为世界是永恒的（eternal）呢？他使用

“永恒”这个词就是想表达他对这个既没有起点也没有终点的世界的理解。有时候“永恒”这个词被用来表示“不朽”(timelessness)，就像我们说上帝是“不朽”的一样。亚里士多德用“永恒”这个词也有这方面的意思。但是，在他看来，世界的永恒是一回事，而上帝的不朽却是另一回事。

要理解不朽的永恒和无始无终的时间的永恒之间的区别，我们必须先考虑亚里士多德对时间本身的理解。

他说，时间是对动作或者改变的一种测量。对于这个思想的另一种表达方式就是说时间是一个维度，在这个维度中会产生动作和发生改变，就像空间是物质事物存在的维度一样。现存的事物都会占据或者充满空间。改变的事物会在时间内持续。台球从球台的这边滚到另一边，它的这一改变就是在一个时间段内实现的，完成这个动作需要时间。这个动作的持续是由台球从这边到那边所花费的时间点的数量来衡量的。

亚里士多德认为紧接着要说的就是如果动作或者改变无始无终的话，那么时间也就无始无终。但是为什么他会认为动作或者改变不可能开始，也不可能终结呢？这真的是一个非常难回答的问题。

如果有这么一个答案的话，这个答案就在亚里士多德的因果观和上帝的概念当中。亚里士多德说任何发生的事一定都是有原因的。如果一个物体移动了，那么一定是有什么东西引起它的移动。能引起物体移动的东西本身也一定是移动的。比如台球自己不动，是球杆撞击它，它才移动的，球杆自己也得移动。但是一定有别的东西让球杆移动。如此继续下去。

这就意味着否定了亚里士多德关于一系列原动力中的第一个原动力的观点。我们会看到，亚里士多德的确承认第一个原动力的存在，不仅如此，他认为这是一个非常必要的存在。但是，他的观点是，第一原动力不是在这一系列移动和被移动的事物中第一个出现的。第一原动力不是动作的第一作用因，它不是让物体开始动的原动力。

第二十三章是关于上帝的，到时候我们会再回来谈亚里士多德关于第一原动力的概念。现在我只需要指出亚里士多德所说的上帝没有创造世界，他不同于《圣经》中的上帝。亚里士多德本可以否定《圣经》开篇中说的："上帝创造天地之初。"他本可以对此加以否定，因为没有任何理由可以让他认为世界是有开始的。

如果没有理由认为这个在转动的世界是有开始的，同样没有理由认为这个转动的世界是有尽头的。组成这个世界的各种事物来来去去，在某一时刻这些共存的事物的数量不可能是无穷的。但是在一个无限的时间内，或者在一个无始无终的时间内，有可能会有无限数量的事物来来去去。正如我们所看到的，事物的来来去去也是一种变化。就像位移，从一个地方运动到另一个地方，它从未开始，也从未结束。

当谈论到运动的永恒，亚里士多德想得最多的那种运动不是地球上物体的运动，也不是其他陆地上的变化。他抬头仰望天空，观察太阳、月亮、行星和其他恒星的运动。他认为这些运动最清晰地阐释了运动的永恒，同时也是世界的永恒。在第二十三章中我们会看到，亚里士多德用上帝的永恒来解释世界的永恒。这两种永恒之间的差异就和不朽（timelessness）与永恒（everlasting time）这两种时间的差异是一样的。

第二十二章

心的非物质性

我们在这一章所讨论的哲学问题，它们的难易程度不太一样。第一个也是最简单的一个问题是，物质世界里的物质事物在某个方面是否也是非物质的。更难一点儿的那个问题是，人类心智的存在是否会把非物质元素引入到一个物质的世界中。最后，也是最难的那个问题就是，宇宙中是否存在完全的非物质。

亚里士多德对第一个问题给出的答案，对能记得第八章内容的读者应该有一些提示。第八章中提到所有物质世界中一直在变化的东西都是由物质与形式构成的。借助人类艺术品我们就能明白这一点。艺术家或者工匠们用这种或那种形式把材料进行形式的变化，生产出一件艺术品，即赋予这些材料一开始它们并没有的形式。变成椅子的木头是人类加工的结果，木头有了一个新的形式——椅子的形式，这种形式是制造者没有加工它之前它所没有的。

我们都理解形式不是形状，记住这一点很重要。人们加工的椅子有很多形状，但是不管它们有什么样的形状，它们都是椅子。是这种形式，而不是它的形状，使得所有形状的椅子都是同样一种东西。形式，在它由木头变成椅子的这种形式之前，是制作者头脑中的想法。有了这个想法，制作者就理解他想制作的这种材料了。制作者头脑中的想法就是理解要做的这种东西，同理，制作者改变材料的形式就是让它成为即将要被做成的那样东西。

无论是人类的艺术品还是天然非人工的东西，所有物质事物都有非物质的一方面。形式不是物质，物质也不是形式。构成形式和物质的东西有非物质的一方面，也有物质的一方面。

我们知道我们可以想到没有形式的物质，但是没有任何形式的纯物质不可能存在。物质所具有的形式使它的潜能变成现实。要是没有形式，物质本身就不是事实，没有事实的东西就不存在。

物质所具有的形式给予这种物质它的事实，作为椅子的事实或者作为树的事实，没有物质，形式不会存在，这么说也和上面一样是对的吗？形式是物质事物具有的非物质方面，形式是物质的形式，存在于物质里面的形式。但是这是它们具有的唯一存在吗？除了由物质和形式构成的物质事物外，形式还能存在吗？

对于这个问题，亚里士多德的回答是肯定的。我们还是有必要记住前面章节中提到的内容。在第十六章我指出，根据亚里士多德的观点，人的头脑会有一个想法，这个想法帮助人理解椅子或者树是什么样的东西。有想法就是头脑中有这种东西的形式，而不是有这种东西的物质。

刚才提到的这一点与心作为认知者的活动和心作为生产者的活动之间的区别有关。

作为生产者，心有生产的想法，利用这种想法把原材料转化成椅子或桌子。心把它的想法放在原材料上，赋予它们椅子或者桌子的形式。作为认知者，心从物质世界的自然事物中获得想法。这些想法的获得是通过把物质事物的形式从那些复合物（树或者马）的物质中分离出来得到的。这样做，心就理解了树是什么样的东西或者马是什么样的东西。

从第十六章大家还应该记住的一点就是认识和吃之间的区别。当我们吃（把食物送入我们的身体系统并且消化它）的时候，我们把这些给我们营养的食物——一个苹果或者一个土豆的形式和物质——同时接受了。

正如亚里士多德所理解的，我们吃苹果或土豆能给我们营养补充，是因为当我们消化和吸收了它的同时，我们改变了它的物质。

营养包括我们对吃的食物的吸收。当具有苹果形式或者土豆形式的物质失去它原来的形式而呈现出新的形式，如人的肉、骨头或者血液时，我们说这就是吸收了。这就是为什么我们的身体一定要同时吸收物质事物的物质和形式，这样我们才能从中获得营养。

如果认识就像吃是一样的，我们永远不会理解苹果是什么东西，或者土豆是什么东西。要想理解苹果是什么或者土豆是什么，我们必须把这些复合物的形式从它们形成的物质中分离出来。

在吸收食物的过程中，我们必须把物质从形式中分离，把这种物质的形式用我们自己身体的形式代替。

在理解可认知的事物时，我们必须把形式从物质中分离，而且得保持形式和物质的分离状态。只有和物质分离了，形式才能成为我们头脑中的想法，这种想法才能让我们理解苹果是什么，土豆是什么。

为什么呢？这是一个亟待回答的困难的问题。亚里士多德的答案展现了一般而言的土豆或者苹果与特殊的、作为唯一的土豆或者苹果这两者之间的差异。我手里拿着的这个特殊的苹果是独一无二的，是因为构成一个苹果的形式和构成这个苹果的物质被结合在一起了，这个苹果不是那边桌上的那个苹果。那个苹果和这个苹果有一样的形式，但是单位物质是不同的。进入两个单个苹果成分中的不同单位的物质，就是使这两个苹果之所以不同的原因。苹果的形式使得它们都是苹果，是同一种水果。

当我们的想法让我们能理解苹果这种东西时，我们理解的是一般而言的苹果，不是这个或者那个个体的苹果。亚里士多德认为，我们可以通过感觉和理解这个苹果或者那个苹果的个体性，但是我们不能通过我们头脑中的想法去理解它的个体性。只有一般而言的种类是可以理解的，但是个体的特殊性是不可以理解的。

这就是为什么在理解一般而言的种类的时候，心必须把物质事物的形式从它的物质中分离出来，同时要保证这些形式的分离状态成为我们能理解的想法。这也是为什么亚里士多德把心称为形式的形式，就是物质事物的形式抛开它的物质能存在的地方。

我们现在分析亚里士多德给本章开始提出的第二个问题的答案部分。是人的心把非物质元素引入到这个反而是物质的世界吗？亚里士多德说，是，是这样的。

如果心不是构成人的非物质元素，那么它就不会赋予我们这种通过分离形式和物质去理解物质事物的能力。如果心不能保持物质事物的形式和物质的分离，我们就不会有理解一般而言的种类的想法，这个一般而言的种类就是土豆这种东西和苹果这种东西的区别。

为了保持形式和物质的分离，心本身一定是非物质的。如果它是物质的，那么它的形式一定是存在物质里面的，那些形式不再会变成我们理解一般而言的种类的想法了。

对于这件事还有另外一种方法能帮助我们更好地理解亚里

士多德的观点。感知是认知的一种模式。当我们感知了个体事物（这个苹果或者那个苹果）时，这种感知包括我们感官的活动和大脑的活动，感官和大脑都是构成我们的物质元素。

理解是认知的另一种模式。通过感知我们知道了这个或者那个个体事物，通过理解我们知道这种个体事物是一般而言的一种事物。与感知不同，这种认知不包括任何物质器官的活动，甚至不包括脑的活动。

看见是眼睛的行为，但是理解不是脑子的行为，而是心的行为。心是构成我们的非物质元素，它也许和作为物质器官的脑有关系，但是两者是不同的。

总结一下我们目前所学的：根据亚里士多德的观点，物质世界中物质事物的形式是它们的非物质方面。另外，我们所属的物质世界包括一种非物质元素，因为我们有思想，也有智力，思想和智力是不同的。

这就是我们刚开始提到的三个困难的哲学问题中前两个问题亚里士多德给出的答案。第三个也是最难的那个问题，即关于完全非物质的存在问题，将在下一章给予解答。

第二十三章
上帝

亚里士多德认为宇宙是永恒的，永恒地变化着，这种想法让他想要探究这种永恒变化的原因。他把地球上一直发生的所有变化归因于天体运动。但又是什么原因让它们不停运动呢?

从任何角度看都不可能是它们本身就运动或者本身就发生变化。如果是，那么它自己也需要原因才能运动，它的变化也需要原因。考虑一下时间的无穷，我们可以从一个无穷系列的结果追溯到原因，永远也找不到第一个原因——就是运动的原动力，而且它自身不会因为别的运动的东西让它产生运动。

让一切在运动的东西动起来的主要原动力，如果它自己不动，也不会被别的东西移动，那它一定是通过吸引而不是通过排斥让一切产生运动的。网球拍击打网球让球前进就是引起网球运动的作用因或者说是主动的原因。橱窗里的糖果吸引我进入商店，买了糖，吃了它，糖果以一种不同的方式引起我的运动。糖果自己没有运动，但是它吸引我运动了。它不是我进入商店的作用因，却是我进入商店的终极因，让我朝着商店那个方向运动的原因。

亚里士多德说，让其他一切运动起来自己却不动或者不被移动的这种原动力，它的作用一定是吸引的原因或者说是终极原因。他这么想就意味着他没有考虑重力的吸引，重力是地球施加给所有地表物体的一种吸引力，也是月球对潮汐的一种吸引力。

亚里士多德的观点是，吸引的原因或者终极原因作用于智慧，智慧能够对它们做出反应，同时采纳它们作为行动的动机。当他说有一个落到地上的重物希望就待在那儿不动时，他这么说是在打比方，不是直接地表达。这个运动仅仅就像是那个被橱窗的糖果吸引进入商店的人的运动一样。

这么一想，亚里士多德发现有必要给那些天体赋予一些可以充当发动机的智慧。汽车的引擎就是它的发动机，所以，智慧就是让恒星运动的发动机。但是和汽车的发动机不同，因为发动机自己首先要被发动起来，天体的智慧是通过被宇宙这个主要原动力所吸引而起着发动机的作用。

主要原动力本身不动，又是这个永恒运动的宇宙的永恒原动力，那么它一定是不变的。但是根据亚里士多德的观点，要想保持不变，它也一定是非物质的。任何物质的事物都有潜能，它有可能改变或者运动，它也不是完美的，因为在任何时候，它都有可能不是它原来的样子。

在前面的章节中我们已经知道纯粹或者完全潜在的东西是不存在的。任何存在的东西都会在某一方面是事实的，同时在其他方面有潜在的可能。然而反过来说就不对了。纯粹的事实（没有物质的形式）可能存在，尽管纯粹的潜能（没有形式的物质）不可能存在。

正是这样的推理让亚里士多德得出结论，主要原动力是纯粹的事实，一个完全没有物质或者潜能的存在。另外，这种非物质的存在是一种完美的存在，这种存在不缺少任何使其完美的方面，它就是宇宙的主要原动力，亚里士多德把它称为上帝。

对于亚里士多德来讲，上帝不是宇宙中唯一的非物质存在。那些被上帝的完美所吸引，进行永恒运动的恒星的智慧也是非物质的存在。但是，尽管在亚里士多德的理论中它们也是非物质的，亚里士多德并不认为它们是完美的或者纯粹的事实。只有上帝才是。

如果星球的智慧不是纯粹的事实，那么要想解释归因于星球智慧的潜能不是说不可能，但是却非常困难。既是非物质又有潜能的东西不是很容易就能适合亚里士多德的事物的格式。

对于现代人而言，亚里士多德的什么使宇宙保持永恒的运动这一描述听起来有点儿虚幻。然而，他的推理让他确定被他称为上帝的非物质和完美存在的存在，跟着这个推理去想也是很有意思的。这个推理为后来努力证明上帝存在的思想家们提供了一个模型，这里所说的上帝，不是亚里士多德所说的上帝，而是创世纪的上帝，是那个从空无创造出世界的上帝。

上帝是主要原动力的概念和上帝是造物主的概念存在三方面的相似性：非物质、不可变和完美的神圣存在。但是亚里士多德的原动力仅仅用来描述宇宙的永恒和永动。有必要解释是什么促使亚里士多德发展了天体运动理论，以及又是什么让他产生主要原动力是天体运动的终极原因这一概念。

亚里士多德认为没有必要解释宇宙的存在。宇宙是永恒的，它从来不会开始存在，所以，他的观点是宇宙不需要一个作用因让它存在，一个运作起来就像制作艺术品的人类工匠一样的原因。我们一般会说制造东西的人是有创意的，但是，人类中的创作者往往都是用大自然的材料进行工作。他并不是从空无中制造出东西来。因此，与上帝被认为的那种创造性相比，人并没有什么创造性。

作为造物主的上帝这一概念源于对宇宙存在的解释。上帝作为主要原动力这一概念在亚里士多德的思想中出现是因为需要解释宇宙的永恒和永动。要不是《创世纪》的开篇首句这样写，“首先，上帝创造了天与地”，真的就很难确定是否上帝作为造物主的这个概念会出现在西方后来的思想家们的头脑中。西方三大主要宗教犹太教、基督教和伊斯兰教都把这一点视为它们所发现的神圣的真理。

要是问亚里士多德他自己是否已经接受或者拒绝这句话所表达的内容，这么问很自然、也很有道理，既然他认为宇宙是永恒的，那他就是不否认宇宙是有开始的吗？而且，即使他否认这一点，那么他也是没有拒绝上帝创造宇宙的这一概念吗？

如果创造就是让原本不存在的东西开始存在（对于人类艺术家在制作一件艺术品过程中所做的），那么一个没有开始的世界是不需要创造者的。但是，甚至是一个没有开始的世界，如果它的存在没有必要，它也需要一个继续存在的理由。亚里士多德的观点是，没有必要存在的东西就是可以存在，也可以不存在的东西。如果这个世界没有必要存在，它可以停止存在。那么是什么让这个本可以停止存在的世界依旧永恒地存在着呢？

亚里士多德自己没有提出或者面对这个问题。如果他这样做了，那么他可能早就推理出结论，即保持宇宙永恒存在需要一个原因，就像他推理出保持宇宙永动需要一个原因这个结论一样。关于“创造者”（creator）这个词的意义，我们稍微调整一下，目前已经得出的结论也许就会导致得出上帝是造物者（Creator）的概念，而并不仅仅是主要原动力。

创造这个词的一个意思就是使得不曾存在的东西开始存在。这个词的另一个意思（也许是更精细的意思）就是使得原本可能存在或者可能不存在的变成存在的，而不考虑它的开始存在。后面这个词义是一个更精细的词义，它让亚里士多德认为上帝既是主要原动力又是造物者。

在这一章中所描述的亚里士多德的理论以及我认为在他的哲学框架内所发展的理论都不是常识。而且它们甚至都不算是常识的提炼，尽管它们是基于这种提炼的基础上得出的。

这是一个非常重要的方面。本章所涉及的理论与本书前几章所涉及的哲学观点不同。本章所涉及的理论可以被认为是亚里士多德的宗教体系，并不是他的哲学体系。他的哲学体系和我们的常识思想是有关系的，但如果他的宗教体系和我们的常识思想没有关系，它至少和普遍的宗教信仰有关，这种宗教信仰已经在西方文明中盛行两千多年了。这个事实就是我认为亚里士多德对上帝的概念，以及使他发展这种概念的推理都应该包含在本书当中，这也是我写此书的一个初衷。

后记

致读过亚里士多德著作和想读亚里士多德著作的人

在本书的引言部分，我向那些希望学习如何能哲学地思考问题的人推荐亚里士多德。我并不是推荐每个人都应该开始读亚里士多德的著作，如果大家那样做了，反而是我最不愿意看到的。

对于初学者来说，亚里士多德的书太难了。即使是最好的译本，很多意思都是模糊不清的。译者会使用很多不熟悉的词语，这些词语都是我们在日常生活中用不到的。尽管亚里士多德自己用的一些希腊词语也会被后来的希腊人使用，但是他所使用的那些词都有特殊的意义。

然而，本书的一些读者也许希望能读到亚里士多德作品中给我灵感的，而且能展现他思想精华的部分。本书的一些读者可能以前读过亚里士多德的作品，即使不是全部读过，至少读过他的某些主要著作。他们也许还希望查验一下我对亚里士多德思想主要原则的阐述，是如何和我一直依赖的文本相对的。

对于这两组读者，我必须承认我已经尽可能简化了一切。我用普通的词语代替了那些术语。我一直围绕亚里士多德思想的主要内容和他的学说的要点。我从来没有因为亚里士多德那些会让读者感到困惑，而不是得到启蒙的限定条件、复杂性和微妙性，而偏离这条主线。

为了给读过或者希望去读亚里士多德的读者提供一个指南来理解我用作原始资料的文本，我草拟了这本书的第二份目录，和本书开始的第一份目录是并列的。在第二份目录中，所有原来的标题都改了（这样更适合我的亚里士多德思想的译本的风格和内容），这个目录中的题目更精准地从五个部分、二十三个章节描述了亚里士多德的学说。

为了让读者更清楚，我在这个更精准的描述性标题后面加了一个括号，括号中是本书开头的目录中出现的标题。这二十三章每一章的标题后面，有时我会用亚里士多德的语言加一个简单的陈述，说明那一章节对亚里士多德学说的详细解释。每一部分我都会附加上参考书单，这些都是亚里士多德著作的相关部分。在一些情况下，这些参考书目可以解释所引用的特殊部分的特别关联性。

/ 第一部分 /

亚里士多德的论域：他的哲学范畴和分类法［人是哲学动物］

第一章　亚里士多德对可感知的物质事物的分类：无机物、植物、动物、人［哲学游戏］

本章我们主要讨论亚里士多德对生物和非生物的划分标准。在生物领域内，动物和植物的划分标准；在动物界领域内，野蛮动物和理性动物，如人类的划分标准。

《形而上学》(*Metaphysics*)，第一册，第 1 章。

《论灵魂》(*On the Soul*)，第一册，第 1 章，第 5 章；第二册，第 1—3 章，第 5 章，第 9 章；第三册，第 3 章，第 12 章。

《动物志》(*History of Animals*)，第十册，第 1 章。

《论动物的生成》(*On the Generation of Animals*)，第一册，第 1—9 章；第四册，第 4—6 章。

《动物的主要部分》(*Parts of Animals*)，第一册，第 4—5 章。

另外值得指出的一点是，亚里士多德知道应用这种范畴的困难。这种困难的出现是因为存在着位于边界处的例子，有处于划分生物和非生物以及植物和动物边界线上的情况。

《动物志》，第八册，第 1 章。

没有涉及本质不同和偶然不同的区别。

《范畴》（*Categories*），第 5 章。
《形而上学》，第五册，第 4 章，第 11 章；第九册，第 8 章。

第二章　存在的范围：十个范畴［伟大的分类］

在这一章我们主要分析那些与能感知到的物质事物存在方式不一致的物体的存在（例如，数学对象、小说、心、想法、非物质事物，比如像天体运动和上帝一样无实体的智慧等）。

《形而上学》，第三册，第 5—6 章；第七册，第 8 章；第十三册，第 1—5 章。
《论天》（*On the Heavens*），第二册，第 1 章，第 12 章。
《论灵魂》，第三册，第 4—6 章。

物质与偶然之间的区别，也就是体和它们的属性。

《范畴》，第 5—7 章。

《物理学》（*Physics*），第一册，第 2 章。

《形而上学》，第七册，第 4—6 章。

前面提到的区别和这一点有关系，即物质事物是改变的主体，而偶然是它们改变的方面。

《物理学》，第一册，第 6—7 章；第二册，第 3 章。

与实体形式相关的本质或者特殊性质。

《形而上学》，第四册，第 4 章，第 11 章；第七册第 16 章至第八册第 6 章；第九册，第 8 章。

《论灵魂》，第二册，第 4 章。

特殊性质或者本质的层次。

《形而上学》，第八册，第 3 章。

《论灵魂》，第二册，第 3 章。

亚里士多德各种分类的详细目录，物质的偶然属性也在其中。

《范畴》，第 4 章。

在物质的偶然属性中，有些是永久或者不可改变的，这些就是不能和物质事物的根本属性分开的特征。

《论题》(*Topics*)，第五册，第 1—3 章。

亚里士多德关于词语歧义的策略。

《论解释》(*On Interpretation*)，第 1 章。
《论题》，第二册，第 4 章。

第三章　生产的、实践的和理论的原因或者想法［人的三个维度］

这一章简要总结了亚里士多德的三重智力行为或者思想分类：为了制作东西的思想、为了道德或者政治行动的思想、把获得知识作为最终目标的思想。

《伦理学》(*Ethics*)，第六册，第 2 章，第 4 章。
《论灵魂》，第三册，第 7 章。

/ 第二部分 /

亚里士多德的自然哲学和艺术哲学［人是创造者］

第四章　作为艺术家的自然和作为自然模仿者的人类艺术家［亚里士多德的鲁滨逊］

自然发生和艺术产生的区别。

《物理学》，第一册，第7—8章；第二册，第1—3章，第8—9章。

《诗学》（*Poetics*），第1—4章。

艺术产生和偶然发生的区别

《物理学》，第二册，第4—6章。

《诗学》，第一册，第11章。

自然带来的变化和艺术带来的变化之间的区别。

《形而上学》，第七册，第7—9章。

人类物质事物的生产和自然界生物繁殖或者生产的区别。

动物的繁殖。

《形而上学》，第七册，第 7 章。

第五章　偶发变化的三个主要模式：地点的变化、质量的变化、数量的变化［变化和永恒］

本质变化和偶发变化之间的区别以及偶发变化三个不同模式之间的差异。

《范畴》，第 14 章。
《物理学》，第三册，第 1 章；第五册，第 1—2 章，第 5 章；第七册，第 4 章；第八册，第 7 章。

物质事物是持续贯穿所有偶发变化过程中的永恒主题。

《物理学》，第一册，第 6—7 章；第二册，第 1—3 章。
《形而上学》，第八册；第九册；第十二册，第 1—5 章。

对于巴门尼德对变化的否定亚里士多德进行的反驳，和对于赫拉克利特对永恒的否定亚里士多德进行的反驳。

《物理学》，第一册，第 2—4 章，第 8—9 章；第六册，第 9 章。

亚里士多德对自然运动和受迫运动的区分。

《物理学》，第四册，第 1 章，第 8 章；第五册，第 6 章；第八册，第 4 章。

《论天》，第一册，第 2—3 章，第 7—8 章。

变化主体在产生和陨落过程中的特殊特点：在实质性变化中变化主体的主要物质。

《物理学》，第一册，第 1 章；第二册，第 1—3 章。

《形而上学》，第七册，第 7—9 章；第十一册，第 11 章；第十二册，第 2—3 章。

第六章　亚里士多德的四种原因学说：作用因、材料因、形式因、终极因［四种原因］

学说陈述。

《物理学》，第二册，第 3—9 章。

《形而上学》，第一册，第 3—10 章；第五册，第 3 章；第六册，第 2—3 章；第七册，第 17 章；第八册，第 2—4 章；第九册，第 8 章；第十二册，第 4—5 章。

对自然和艺术中的终极因的考虑。

《物理学》，第二册，第 8—9 章。
《论灵魂》，第二册，第 12—13 章。
《动物的主要部分》，第 2—4 册。
《论动物的生成》，第一册，第 4—13 章。

在本质变化和偶发变化中，潜能和实质的作用。

《物理学》，第三册，第 1—3 章。
《形而上学》，第一册，第 6—7 章；第七册，第 3 章，第 7—17 章；第八册，第 4—6 章；第十二册，第 2—5 章。

在偶发变化中，作为材料因的实质所起的作用和作为形式因偶然形式所起的作用；在本质变化中，作为材料因的主要物质所起的作用和作为形式因实质形式所起的作用。

《物理学》，第一册，第 4—9 章；第二册，第 7 章；第三册，第 3 章。
《形而上学》，第一册，第 6—7 章；第五册，第 8 章；第七册，第 3 章，第 7—17 章；第八册，第 4—6 章；第九册，第 6—9 章；第十二册，第 2—5 章。

第七章 潜力和事实理论以及物质和形式理论的进一步发展，尤其是在本质变化方面，或者产生和消亡方面［是与非］

《物理学》，第三册，第1—3章。

《形而上学》，第七册，第6—9章；第九册，第1章，第3—9章；第十一册，第9章，第11章；第十二册，第2—3章，第5章。

《论生成与消亡》(*On Generation and Corruptions*)，第一册，第1章，第3—5章；第二册，第1章，第7章，第9章。

第八章 亚里士多德对艺术创造和艺术分类中智力因素的分析［创意和专门技术］

艺术的智力美德。

《伦理学》，第六册，第4章。

作为模仿者的艺术家。

《诗学》，第1—5章。

农业、治疗、教学这三种合作型艺术的特殊特点。

《物理学》，第二册，第1—2章，第8章。

做工精良的产品的美。

《诗学》，第7章。

/ 第三部分 /
亚里士多德的道德哲学和政治哲学［人是行动者］

第九章 实践性思维中把目标作为第一原则，把使用方式作为行动的开始：从达到目的的顺序看结果是第一位的，从执行的顺序看，结果是最后一位的［对结果与手段的思考］

把好的当作渴望的，把渴望的当作好的。

《伦理学》，第一册，第1—2章。

对于想得到渴望得到的东西本身，和对于因为想得到别的东西而对某种东西的渴望，这两种结果和方式之间的区别。

《伦理学》，第一册，第5章，第7章，第9章。

实践性思维中最终的结果与理论性思维中公理或者不言自明

的事实之间的对比。

《后分析论》(*Posterior Analytics*)，第一册，第2章。

第十章　不再渴望得到任何东西的幸福和想要被追求的最终结果的幸福［活着与活好］

活着与活好之间的区别。

《政治学》(*Politics*)，第一册，第1—2章，第9章。

作为完整的美好生活的幸福的定义，以及不同的人对美好生活应该包括什么的各种不同的观点。

《伦理学》，第一册，第4—5章，第7—10章；第十册，第2章，第6—8章。

第十一章　亚里士多德对于真正确实好的东西，或者应该被渴望得到的好东西与事实上真正渴望得到的好东西之间的区别，以及自然渴望和后天渴望之间的区别［好，更好，最好］

《伦理学》，第二册，第6章；第三册，第4—5章；第十册，

第 5 章。

《论灵魂》，第二册，第 2—3 章；第三册，第 3 章，第 7 章。

《修辞学》(*Rhetoric*)，第一册，第 6—7 章。

第十二章　真正的好东西组成整个好东西，这些好东西构成幸福，并且道德美德是追求幸福不可或缺的［如何追求幸福］

《伦理学》，第一册，第 4—5 章，第 7—10 章；第七册，第 11—14 章；第九册，第 4 章，第 8—11 章；第十册，第 1—8 章。

第十三章　道德美德和好运气是追求幸福的两个必不可少的有效因素［好习惯和好运气］

总体上的道德美德和道德美德的三个主要方面：节制、勇气和正义。

《伦理学》，第 2—5 册。

好运是幸福必不可少的：善良的人和幸福的人之间的区别。

《伦理学》，第一册，第 10 章；第七册，第 13 章；第十册，第 8 章。

《政治学》，第七册，第1章，第13章。

有限的好东西和无限的好东西之间的区别：对于有限的好东西，道德美德就意味着节制。

《伦理学》，第七册，第14章。

《政治学》，第一册，第8—10章；第七册，第1章。

第十四章　有关别人的幸福和组织社区的福利，个人所要承担的责任义务［他人有权期待我们做什么］

人是社会动物，也是政治动物。

《政治学》，第一册，第1—2章。

正义是道德美德，指向对他人的好。

《伦理学》，第五册，第1—2章。

一方面是正义，另一方面是友情或者爱情，这两方面的差异。

《伦理学》，第八册，第1章，第9章。

友谊的种类。

《伦理学》，第八册，第 2—6 章。

第十五章　国家在支持和方便个人追求幸福的过程中所起的作用 [我们有权期待他人或者国家做什么]

好的国家可以帮助其公民追求幸福，亚里士多德赋予这样的国家的概念。

《政治学》，第一册，第 2 章；第二册，第 6 章；第三册，第 9—10 章；第七册，第 1—3 章，第 13—14 章。

亚里士多德关于政府形式的理论以及关于如何判断各种不同形式的政府好坏标准的理论。

《政治学》，第一册，第 1 章，第 5 章，第 12—13 章；第三册，第 6—7 章，第 11 章，第 15—16 章；第五册，第 2—3 章，第 8 章，第 12 章；第六册，第 4 章；第七册，第 2 章，第 14 章。

亚里士多德对自然的和合法的或者传统的奴隶制之间所做的区别。

《政治学》，第一册，第 4—7 章，第 13 章。

亚里士多德对于自然的公正的理论，这种理论区别于合法的公正或者传统的公正。

《伦理学》，第五册，第 7 章。

亚里士多德对于女性在家庭和国家中的作用的观点。

《政治学》，第一册，第 13 章。

/ 第四部分 /
亚里士多德的心理学、逻辑学和知识理论［人是认知者］

第十六章 感觉和理解力：洞察力、记忆力、想象力和概念性的思维［脑：进入与产出］

和思想有关的语言。

《范畴》，第 1 章。
《论解释》，第 1—2 章。

亚里士多德对于外部感觉的描述和外部感觉与内部感觉区别的描述：常识、记忆力和想象力。

《论灵魂》，第二册，第 5—12 章；第三册，第 1—3 章。
《感觉和可感觉到的东西》(*Sense and Sensible*)。
《动物志》，第四册，第 8 章。

单纯的感觉和感知经历的区别。

《形而上学》，第一册，第 1 章。

亚里士多德关于感觉和观点的学说，从它们本身或者各自来看既不是对的也不是错的。

《范畴》，第 4 章。
《论解释》，第 1 章。
《论灵魂》，第二册，第 6 章；第三册，第 3 章，第 6 章。
《形而上学》，第四册，第 5 章；第五册，第 29 章。

亚里士多德把观点当作形式的理论，智力源于经历。

《论灵魂》，第三册，第 4 章，第 7—8 章。
《形而上学》，第十三册，第 2—3 章。

第十七章　直接推理和三段论推理［有关逻辑的一些小词］

作为本体论原则和作为思想法规的矛盾规律。

《论解释》，第 6 章。

《前分析论》（*Prior Analytics*），第二册，第 17 章。

《后分析论》，第一册，第 11 章。

《形而上学》，第四册，第 3—8 章；第九册，第 5—6 章。

逻辑方阵：矛盾命题、反对命题和小反对关系的判断。

《论解释》，第 6 章，第 10 章。

《范畴》，第 10 章。

《前分析论》，第一册，第 2 章。

基于逻辑方阵的直接推理。

《论解释》，第 7—10 章。

《前分析论》，第一册，第 2—3 章；第二册，第 8—10 章，第 22 章。

三段论的规则。

《前分析论》，第一册。

《后分析论》，第一册，第 12 章。

亚里士多德关于逻辑效度和事实真相的区别。

《前分析论》，第二册，第 2—4 章。

《后分析论》，第一册，第 12 章。

修辞性论点中的省略推理法。

《前分析论》，第二册，第 27 章。

《修辞学》，第二册，第 20 章，第 22 章。

第十八章　理论上的事实和实际上的事实［实话实说，仔细斟酌］

事实的定义。

《形而上学》，第四册，第 7 章。

《范畴》，第 5 章。

公理的真理或者首要原则：不言自明的事实。

《后分析论》，第一册，第 3 章，第 5 章，第 10 章，第 12 章。

既不对也不错的句子。

《论解释》，第 2 章。

亚里士多德对于事实陈述和规范陈述之间区别的理论：包含“是”的表述和关于“应该”的表述。

《伦理学》，第六册，第 2 章。

命题被肯定或者否定的确定性或者可能性。

《论解释》，第 9 章。
《前分析论》，第一册，第 13 章；第二册，第 25 章。
《后分析论》，第一册，第 2 章，第 6 章，第 8 章，第 30 章，第 33 章。
《形而上学》，第四册，第 4—6 章；第六册，第 1 章；第九册，第 6—7 章。

第十九章　亚里士多德关于知识的理论以及他理解的知识和正确观点之间的区别 [超出合理困惑]

《范畴》，第 5 章。
《前分析论》，第一册，第 13 章。
《后分析论》，第一册，第 2 章，第 4—8 章，第 30 章，第 33 章。

《论题》，第一册，第 2 章。

《修辞学》，第二册，第 25 章。

《形而上学》，第四册，第 4 章；第六册，第 2 章；第七册，第 15 章；第九册，第 10 章；第十一册，第 6 章，第 8 章。

《论灵魂》，第三册，第 3 章。

/ 第五部分 /
亚里士多德的宇宙论和宗教体系［难解的哲学问题］

第二十章　真正的无穷和潜在的无穷［无穷］

亚里士多德对原子论哲学理论的批评。

《物理学》，第一册，第 2 章。

《论天》，第三册，第 4 章；第四册，第 2 章。

亚里士多德关于连续级的无限可分性和物质的无限可分性的学说。

《物理学》，第三册，第 1 章，第 6—7 章；第五册，第 3 章；第六册，第 1—2 章。

《形而上学》，第三册，第 4 章；第五册，第 13 章。

亚里士多德否定实际上的无穷多和无穷级以及他确定加法或除法的潜在无穷性。

《物理学》，第三册，第 4—8 章。

《形而上学》，第十一册，第 10 章。

第二十一章　世界的永恒以及运动和改变的永恒［永恒］

时间作为对运动的衡量，亚里士多德对时间的概念。

《物理学》，第四册，第 10—14 章。

亚里士多德对时间无止境和运动或者变化无止境的讨论。

《物理学》，第七册，第 1—2 章；第八册，第 1—6 章，第 8 章。

《论生成与消亡》，第二册，第 10—11 章。

亚里士多德对上帝的不变或者永恒的概念：永恒或者不变的不朽。

《形而上学》，第十二册，第 6—7 章，第 9 章。

第二十二章　人类智力的非物质性：从物质抽出的形式所构成的概念思维［心的非物质性］

《后分析论》，第一册，第 3 章。

《论灵魂》，第三册，第 4—5 章，第 7—8 章。

《形而上学》，第十三册，第 2—3 章。

第二十三章　主要原动力：作为纯粹现实的神圣存在［上帝］

亚里士多德对于天体运动的智慧的理论。

《论天》，第二册，第 1 章，第 12 章。

《形而上学》，第十二册，第 8 章。

亚里士多德对引起天体运动的最终因，而不是作用因的原动力的存在的讨论。

《物理学》，第八册，第 1—6 章。

《形而上学》，第十二册，第 6—9 章。